1年生の
クラスを
まとめる
51のコツ

Ajimine Takayuki
安次嶺隆幸

東洋館
出版社

はじめに

ピカピカの1年生――。

とっても可愛いその姿に、つい目尻が下がってしまいます。同時に、これから始まる1年間の付き合いを思うと、気が引き締まります。

入学したばかりの子どもたちは、まだ何も知りません。それは、積み上げられる前のブロックのようなイメージでしょうか。

もちろん、多くの子は幼稚園や保育園で集団生活を経てきているので、既にいくつかのブロックが積み上がっているかもしれません。

実は、教師としての最初の仕事は、その積み上げられたブロックを一度壊すことです。

というのも、子どもたちによってブロックの積み上がり方が違っているからです。ある子は一部分だけが高く積み上がっているかもしれませんし、ある子は土台が不揃いになっているかもしれません。

そこで、教師が一度すべてのブロックを取り払い、改めて土台となる1段目を築いてあげます。そして、ブロックを積み重ねず、なるべく広く敷き詰めるように土台を築いていきます。

例えば、既にたし算を知っている子どもがいたとしても、すぐにひき算を教えるのではなく、一度それを取っ払う。本当にたし算の意味を理解しているのか、そもそも数字の1はいったいどういうことか、と算数の基礎を教えていきます。

子どもたちはよく「先生、それ知ってるよ」と言ってきます。教師は、その「知ってるよ」を崩していくことが大切です。

ひらがなが書けるからといって、すぐに漢字を教えるのではなく、実はひらがなの書き方は難しいことや、いつでもきちんと丁寧に書けるようにすることなどを指導していきます。

生活習慣においても同じです。挨拶の仕方、他人とのかかわり方、食事の仕方、歩き方、学び方など、すべてにおいて指導していきます。

一度、すべてを平らにしてそこに広い土台を築いていく。そういうイメージで指導していきます。

これを疎かにして上へ上へと積み上げてしまうと、土台が脆弱なために、中学年になった頃に崩れてしまいます。

土台が広いということは、子どもたちの自尊感情にもつながります。「僕は大丈夫だ」という気持ちがもてれば、そこからどこを積み上げてもそう簡単には崩れません。

「人の話をきちんと聞く」「食事をしっかり摂る」「泣いている子がいれば声をかけてあげる」「掃除は言われなくてもする」「授業中はたとえ指名されなくても挙手する」…。

こういった面倒臭いと思われるようなことをきちんと指導していくことが、1年生の担任の務めです。そして、彼らの無限の可能性を考えて、できるだけ広い土台を築くのです。

もちろん、子どもたちの個性を崩さないようにすることも忘れてはいけません。むしろ、できればそれを取り上げられるといい。その子のよいところ、得意な面、つまり、その子の輝くブロックを取り出して、他の子どもたちに見せてあげるのです。

「絵がうまいね。その絵をみんなに見せてあげよう」

「字がきれいだね。友達のお手本にしよう」

クラスの子どもたちに広めることで、皆の土台にしていく。それが積み重なることでクラスができあがっていきます。

こういった指導は、子どもたちだけでなく、その後ろにいる保護者にも向けています。子どもは帰宅するときっと「先生が、こんなことを言っていたよ」とその日のことを報告するでしょう。そして、学校で学んだこと、身に付けたことを家庭でも実践していくことでしょう。学校でやっていたことが家庭にもつながっていくのです。

「1年生の1学期は、6年間の縮図」だと私は思っています。

大人に比べると、子どもの時間の針はとても速く進んでいます。1年生を担任するとそのことを実感します。

特に1学期は、基本的な生活習慣を驚くべき速さで習得していきます。昨日まで全然できないで泣いていた子が、今朝は笑顔でできる——。こんな風景がいくつも見られるのが、1年生の教室なのです。

こちらがうかうかしていると、あっという間に子どもたちは通り過ぎてしまいます。子どもたちの成長の足跡を見失わないようにすることは、私が強く意識している一つです。

はじめて1年生を担当する方は、とても不安だと思います。でも、慌てないことです。

マラソンと同じ。最初は、ゆっくりで構いません。最後に、子どもたちがよかったなと思えばいいので、1年間をかけて土台をつくってあげるくらいの気持ちでいいと思います。

何より大切なのは、子どもたちに「学校って楽しい」と思ってもらうことです。「先生大好き、友達大好き、学校大好き！」と思ってもらうこと。これがすべてです。

本書では、1年生の担任にとって大切なことをまとめました。教職30年で培ってきたことをすべて詰め込んだつもりです。

本書が、皆さんの「元気と勇気」の一助になれば幸いです。

安次嶺　隆幸

目次

第2章

クラスを一つにするコツ　57

第３章

土台をつくる生活指導のコツ

第1章

学ぶ姿勢と聴き方を育てるコツ

挨拶は、した人に価値があることを伝える

「先生、おはようございます！」

教室に入ってくる子どもたち。

一日の始まりです。

長年教師生活を送っていると、この何気ない挨拶の意味を忘れてしまうことがあります。

それは、**「先生！」と呼んでもらっている**ことです。

この意味を、自分自身がしっかりと自覚する必要があるでしょう。

世の中には、様々な職業があります。その中でも教師という職業は専門職です。未来を担う子どもたちの前に立てる自負がまず自分にあるだろうかと、自問自答する必要があると思うのです。

私はそのことを考えると「こんな自分では、まだだめだな…」と、今でも反省しながら生活をしています。

まさに「謙虚さ」を感じる瞬間です。本当の弱い自分を知っているからこそ、「先生」と呼んでもらえることで「傲慢さ」が消え、「謙虚さ」を感じるのだと思います。

とはいえ、毎日の学校生活は、目が回るほどの忙しさ。目の前の子どもたちから「先生！おはようございます！」と元気よく挨拶をされると、そんな気弱な自分では対応できません。

自然と背筋が伸びて、こちらも負けないように、「おはよう！　元気かい？」と返すのです。

教師としての心構えとはなんでしょうか。

教える技術、話し方、板書の仕方など様々なことが挙げられるでしょう。

しかし、私はそんなことよりもまず自分自身が「先生！」と呼ばれているのを忘れないことだと思っています。自分がこのことを忘れた時点で、教師としての進歩も終わりなのではないでしょうか。

さて、朝から気持ちのいい挨拶を交わすと気分がいいものです。

しかし、必ずしも毎朝、よい挨拶の交換ができるとは限りません。

たとえ自分が先に「おはよう！」と声をかけても、全員が「おはようございます！」と気持ちよく返してくれないときもあります。

前日にきつく叱った子は、まだそのことを引きずっているかもしれません。あるいは、その日の朝にお母さんに叱られたかもしれないし、登校中に友達といざこざがあったかもしれません。

人間誰でも自分がしたことに対して相手が誠実に返さなかったとき、イライラとした感情が湧いてくるものです。

若いときの私は、相手を変えることが教育であると思っていました。ですから、つい「ちゃんと挨拶しなさい」と強い口調で注意していました。

しかし、それだけだと子どもたちは、ますます挨拶してくれなくなってしまいます。そこで、私はあるときから、**「挨拶はした人に価値があるのだ！」**という意識に変えてみました。つまり、**「相手を変えるのではなく、まずは自分自身から変えていこう。自分のできることをやっていこう」**と思ったのです。

そうすることで、私は毎朝元気よく挨拶できるようになりました。そして、そのことを子どもたちにも伝えています。

「挨拶はした方が勝ち！」

1年生は「わがまま」ではなく「これから」

1年生への挨拶も同様です。

ただし、彼らの教室はとても賑やか。朝、教室に「おはようございます！」という子どもの声が響き渡ります。相手に負けずと次の子も「おはようございます‼」と、さらに大きな声で挨拶します。

朝の小さなバトルの始まりです。いつの間にか教室は、それぞれの個がぶつかり合う小さな競い合いの場となります。

1年生というのは、自分のことと相手のことを意識し始める年代です。おそらく、幼年期まではまだ自分のことだけで精一杯だったことが、学校という規律のある集団に所属することで、相手への意識が芽生えるのでしょう。自分のもっているものと相手のもっているもの、自分の考えと相手の考えていることに違いがあることに戸惑い、泣き出す子もいます。大人の眼からすると、これを「わがまま」ということで片付けがちです。

しかし、そうではありません。

自我が目覚め、相手と自分、自分の社会を取り巻く環境にまだ順応していないだけです。1年生は、「これから」です。教師は、そのことを頭に入れて子どもたちに接してあげる必要があるでしょう。

教室にONとOFFのスイッチをつくる

子どもたちと出会って最初に行うのが、自己紹介です。まずは、自身の自己紹介から始めるのですが、私はその前に **「空気のドーナツ」** の話をします。

皆さんは、プロの将棋の対局をご覧になったことがありますか。

将棋の対局ではまず、相手に対して「お願いします」とお辞儀をしてから始まります。しかし、その後はずっと無言です。部屋の中に聞こえるのは駒の音だけ。静かな思考の空間が部屋に充満します。

以前、プロ棋士の対局を観戦する機会があった私は、この静寂と緊張に包まれた空間に感動して、ぜひ教室でも再現したいと考えました。そして、これを「空気のドーナツ」と名付けたわけです。

私は、子どもたちにこの話をして、「どうだい。このクラスでもやってみないか」と投げかけます。

彼らは興味津々で頷いてくれます。そして、私は自己紹介を始めます。

ゆっくりと静かな声で、自分がかつて将棋で弟子入りしたときのこと、将棋から学んだことなどを話していきます。

子どもたちは黙って私の話を聞いてくれます。「この先生はどんな人かな…」という興味も手伝って、すぐに話に引き込まれていきます。

私の声が静かに響く教室。真剣な子どもたちの表情。

いつの間にか、教室には「空気のドーナツ」ができあがっています。

私は、話の途中で子どもたちの態度を褒めます。

「さすが1年○組の子だね！　先生の話をしっかり聞いてくれたから、ほら、みんなの上に『空気のドーナツ』ができているよ」

空気のドーナツは、子どもたちが授業に集中するための大切な空間です。つまり、**「よし！真剣に勉強するぞ！」という気持ちにさせるためのONとOFFのスイッチの役割を果たしているわけです。**

もちろん、授業が終われば、子どもたちはOFFスイッチ。友達とワイワイと騒ぎ出します。「勉強するぞ！」というONがあるからこそ、目一杯遊ぶのです。

第40期 棋王戦（共同通信）
羽生善治名人 vs 村田顕弘五段戦を観戦する筆者

「語り」で聴く姿勢を身に付けさせる

組織を動かすポイントは、「リーダーがいかに指示を明確にするか」だと言われています。ビジネスの世界では、そういった趣旨の啓発書をよく目にします。他の分野からでも学ぶことは多く、自分を奮い立たせたり、反省させられたりする言葉は数多いものです。では、学級ではどうでしょうか。上手に指示を出して果たしてうまくいくでしょうか。

私は難しいと思っています。

というのも、小学生のクラスは、まだ集団としては未成熟だからです。特に1年生相手では、いくら的確な指示を投げかけてみたところで、うまく動いてくれないことはよくあります。実際、そのことで悩まれている先生方も多いのではないでしょうか。

子どもたちを動かすためには、まずは彼らに**「聴く」という姿勢を身に付けてもらう**必要があります。

具体的にどうするかと言うと、私の場合は**入学式のその日から、『ケロちゃんの話』という創作童話を披露する**ことから始めます。

ケロちゃんとは、私が考えたカエルのキャラクター。「今日は、みんなにもう一人新しい仲間を紹介するよ。ケロちゃんです」と言って、自作の人形を見せます。あとは、腹話術のように私とケロちゃんが会話していきます。

話の内容はアドリブで、子どもたちに「ケロちゃんはどんな子だと思う?」と意見を聞きながらやり取りしていきます。普段から興味をもっていることなどなんでもいいので、ケロちゃんを通して話していきます。これだけで、子どもたちは話を聞いてくれます。

新人時代、私はよく大声を上げていました。若いということは、子どもたちとの年齢差があまりないということです。自分の子ども時代と比べて、つい目の前の子どもを見てしまいます。自分の信じていたこと、よかれと思っていることを押しつけてしまうことになりがちです。

私は、自分の言うことに子どもたちが思うように動いていないことに唖然としました。なぜ、自分の指示に従わないのか。

「これは声が聞こえていないのかな」と、声を大きくしてみたりしました。しかし、結果は逆効果。教室が騒然となるばかりでした。

教師の声(指示)と子どもたちの声(歓声)が交錯する空間。それぞれが別の顔をして言い合っている空間が教室に二つ、三つとできあがっていました。

これでは、いくら声を荒げても伝わるわけがありません。子どもたちへの不満が新人教師の中に広がったと同時に、子どもたちからは笑顔が消えていきました。それに加えて、私も声が出なくなってしまい、４月末には体調を崩してしまいました…。

熱と咳と声が出なくても、休みたくない一心で学校へ行ったあの日のことは、今でも覚えています。自分のふがいない指導に嫌気がさしてしまった日。と同時に、私は自分の指導を今一度振り返りました。

１年生の指示はどうしたらいいのか。子どもたちに響く話し方はどうしたらいいのか。コンサートでの噺上手な歌手の話をメモし、また落語の枕の噺を使ったり、絵本や映画のことを授業の導入に使ったりしました。そして、だめもとの気持ちでケロちゃんの話をしたのです。

ケロちゃんの話は、とても効果的でした。子どもたちは興味津々で話にのめり込み、いつの間にか教室に「空気のドーナツ」ができていました。

私は、毎日の語りを録音して、子どもたちの反応が良かった場面をまたさらに次の日に語り繋げていきます。**話をリフレインすることで、子どもたちの記憶も蘇り、また今日の語りの力量もついていきます。**

こうして教師の「話す力」、そして子どもたちの「聴く姿勢」を育てていったのです。

子どもから信頼されるために叱れる教師になる

新任のとき、私がまずメモしたことは、体育の先生の指示の出し方でした。クラスだけでなく、学年や全校児童をいかに効率よく動かすのか、その技をメモしたものでした。指示の出し方でも様々な工夫があります。**全体を動かすためには、まずはみんながしっかりと「聴く体勢」になっている必要があります。**聞いていない子は何をしたらいいのかわからず、全体の動きに合わせて移動するでしょう。しかし、これではワンテンポ遅くなり、規律のない動きに見えてしまいます。

次に大事なのは、**きちんと叱れるかどうか**。子どもたちに対しては、優しいだけではいけません。「しっかりと叱れる教師」「ときには怖い教師」でなければなりません。

このことは、子どもの怪我の防止にもつながります。1年生はまだ失敗の体験が少ないもの。失敗には意義がありますが、それが怪我につながってはいけません。

事前に注意をしていない場合の怪我は、教師の責任でもあります。体育の時間などでは、子ども同士がふざけ合って怪我することがよくあります。

「しっかりと叱ってあげる」「注意してあげる」ことは、逆に子どもたちの「あの先生は信頼できる」ことにもつながります。「あの先生の話はしっかり聞かなくてはいけない」という気持ちを子どもたちに浸透させることが大切です。

折り紙を使って静かにさせる

「1年生の担任をすることで何が変わるか?」と問われると、まずは教師の話し方が変わります。

「1年生は宇宙人のようだ」とよく言われます。

子どもたちの自由な意思と行動が、教室という宇宙（空間）に広がります。

様々なことに興味・関心の芽が伸び始めるこの時期、教師の仕事はいかに子どもたちの関心・興味を一つに束ねていくかにかかっています。**つまり、あらゆるテクニックを駆使して、彼らを「聴く集団」に育てていくのです。**

例えば、教室が騒がしいとき。教師は、決して「静かにしなさい！」と声を上げてはいけません。

私も若いときはよく「静かにしろ！」と声を荒げてしまい、教室の空気を凍らせたことがあります。

教師側から見たら、自分の言葉で子どもたちが静かになったように感じます。そのため、一度使ってしまうと、つい二度、三度と声を荒げてしまうようになります。しかし、**この凍った空気は、実は子どもたち全員の教師への不信感につながっていきます。**その塊はなかなか消えにくいものです。

空気を凍らせたしまったときに、これを溶かす唯一の方法は「笑い＝笑顔」です。怒鳴って静かになった空間に笑いがあると、その塊も徐々に消えていきます。しかし、また塊ができると…。これを繰り返しているうちに、あっという間に1年間が終わってしまうでしょう。

プロであれば、まずじっくりと教室の空気を読み取ります。

そして、ちょっとした「技」が披露できるといい。

例えば、私は子どもたちの状態、前の授業のことや前の日のことなど様々なことを考えながら、懐から**「折り紙」**を取り出します。

たまたま眼の合った前の子に語りかけるように、無言で折り紙を折り始めます。すると、他の子どもたちが私に近づいてきます。

子どもたちの輪の中で、私が折っているのは「スッペースシャトル」と呼んでいる紙飛行機。

教室には、まだ騒いでいる子、自分の興味の赴くままに活動している子がいます。私は、その子たちを意識しながら折り進めます。

さて。私はできあがった「スッペースシャトル」を掲げます。数人の子が「おぉ！」という歓声とともに拍手します。ここでようやく、子どもたち全員の視線がこちらに向きます。

私はその状態を十分に意識して、「スッペースシャトル」を目の前の子どもに渡します。周囲からは「よかったね！」「すごいね！」と声がかかります。

私は言います。

「○○ちゃんは、1番に静かに着席していたからね。ご褒美だ！　では、次は誰にしようかな？」

このときには、私の声は教室全体に届いています。そして、**新しい「スッペースシャトル」を折り始める頃には、教室の半分近くの子が席に着き始めます。**

ほとんど言葉を発さなくても、折り紙ひとつでクラスを静かにさせる。ちょっとしたテクニックですが、効果は抜群です。

子どもをよく見て、叱りながら褒める

「教師とは、叱る仕事である」

「教師とは、褒める仕事である」

この二つはよく言われていることです。自身のことを振り返ると、若いときはとにかく叱る場面が多かったように思います。

自分では笑顔で楽しく笑っていたいのですが、目の前の子どもたちの動きを見て、つい「コラァ！」と声を出していました。

こっちで叱っていると、あちらでは違った悪さを始める子どもたち。向こうからはグラウンドでの揉めごとを報告してくる子が……。


叱っていることが次第に怒りに変わり、「怒る指導」になってしまいます。


「しっかりと叱り、また褒めることだ」と肝に銘じていたのに、いつの間にか「感情に流される指導」になってしまったことを思い出します。

もちろん教師も人間である以上、感情的に行動を起こすこともあります。しかし、それがあまりに表に出すぎるとよくありません。

新人時代の私は「叱る指導～怒る指導」となり、子どもたちの距離がどんどん離れてしまったことがあります。彼らからの「先生遊ぼう！」という声が聞こえなくなったのです。

指導も下手、学級もうまく統率できない若い自分にとっては、せめて子どもたちと遊ぶことがセールスポイントであったのに……。

1年生の指導でまず大切なのは、**「なんでも褒めることにつなげる」**ことです。着替えること、文字を書くこと、手を挙げて発言すること、友達の意見に拍手を送ること、先生の話を黙って聞くこと…。一つひとつが褒める場面となります。

「よくできたね！」

「勇気をもって手を挙げたね」

「丁寧に文字を書けたね」…

何もできない1年生にとっては、すべてが新鮮で興味深いものに映ります。この感情を大人である教師はまず思い出すことが大切になります。

私自身、子どもたちの一つひとつの行為を取り上げ、褒めることで教師人生の指針が180度変わりました。

また、学級には様々な子がいます。**特に1年生は、集団という意識がまだ芽生えていな**

いので、小学校の学級という組織の中での自分がどういう行動をしていいのかはかりかねている子もいます。

そんなときは、進んで教師の方から声をかけてみることが大切です。

一人でしゃがんでいる子がいれば、「ねぇ、何しているの？」と声をかけます。

すると、「あのね、葉っぱの下に『あり君』がいるんだよ」とその子。

私もしゃがんでのぞき込んでいると一人二人と、子どもたちが寄ってきます。

「何しているの？」と、子どもの声に引き寄せられるように輪が広がります。

子どもたちは、教師の行動を無意識に見ています。

ですから、教師は絶えず見られていることを意識していなくてはいけません。自分が見られていることを意識し出すと、自分が発する言葉にも気を遣うようになります。叱り方もそうですし、褒め方もそうです。

私にとっての理想は、**「叱りながら褒める！」**ことです。

「笑顔で叱れる教師」「叱った後の、ちょっとした微笑み」が、プロ教師の神髄といえるでしょうか。

そんな教師に私もなりたいと思っています。

子ども同士の会話を注視する

教師の話し方はとても大事です。しかし、忘れてはいけないのが「子どもの話し方」。教室の中での会話を考えてみましょう。

まずは、「教師が話す」のを「子どもが聴く」。次に、「子どもが話す」のを「教師が聴く」。そして、教師と子どもの双方向でのやり取りが「会話」となります。これは、教室の「縦糸」です。

学級という組織を構築するには縦糸だけでなく、「横糸」も必要です。これは、子どもたち同士の会話です。

この子どもたちの会話で、着目するポイントが三つあります。

それは、**「言葉遣い」「聴いている子の表情」「子ども同士の会話が続く」**です。

1年生の会話をよく聞いてみるとわかりますが、ほとんど会話になっていません。自分のことを言って終わりです。相手の言葉に合わせたりするのではなく、常に自分のことを言おうとします。特に男の子の場合はそれが顕著です。

一般的に小学生では、女の子の方が精神年齢が高いので、女の子をリーダーにすることで「しっかりと聴く」というクラスをつくる先生も多いかと思います。女の子の聴く姿勢を見ることで、男の子も学んでいくわけです。

ただ、私が勤めているのは男子校なので、それができません。結果、「俺が、俺が…」の世界になります。

ある子が「僕は夏休みに熱海の海に行ったよ。楽しかったなぁ」と言えばすかさず、別の子が「僕は沖縄に行ったよ。海がきれいだったね」と答え、それを聞いていた近くの子が「僕は飛行機でハワイに行ったよ！」と、いつの間にか自慢大会。彼らのバトルに、聞いている私もつい笑ってしまいます。

おもしろかったので、彼らに混じって私も会話の輪に参加してみました。

「〇〇君は、どこに行ったの？」と尋ねると、「僕は、電車が好きなんです」と質問とは別の答え。すると、他の子どもたちも「僕も電車好きだよ」「僕はNゲージ持っているよ」と、すっかり話の向きが変わってしまいました。しかも、すべて自分の話です。

これが1年生の会話の輪です。

教師としては、彼らの会話に遭遇したら、見て見ぬふりをするのもいいですが、**ときには会話の輪に入ってみるといい**でしょう。

支離滅裂な会話に翻弄されながらも、積極的に尋ねていくと彼らの中で会話が成熟されていきます。

ポイントとしては、**聴いている子の表情に注意すること。**クラスの状態が落ち着いてくると、話をしっかり聴く子が現れます。人の話をよく聴いて、すぐに言い返すのではなく、自分の中で咀嚼する子です。

そういった子が現れたら、すぐに褒めてあげましょう。そして、人の話をよく聴くことはいいという価値観をクラス全体に広めるのです。

1年生にとっては集団での会話は、教室の「横糸」です。十分に「横糸」が張られているクラスは、柔軟性があります。教師と子どもだけの「縦糸」だけでは、どうしても広がりがありません。縦横に広がる柔軟な糸が、子ども同士で広がる空間をイメージしてみてください。

まずは子どもたちの会話を注視する。そして、彼らの会話に入ってみる。さらに、ある程度したら、その輪から飛び出して見守る。

これが、1年生の担任の見えないクラスの土台づくりになります。

授業の合間の休み時間や昼休みなど、彼らだけの時間にうまく溶け込んで活用してみてください。

教室の空間がどんどんと広がっていくはずです。

会話ウォッチングを活用する

1年生は、皆個性豊かです。自分の思ったことをすぐに口に出す子、口には出さないけれど行動で示す子、じっとまわりの様子をうかがう子…。

4月は、それぞれの個性がぶつかり合う時期です。このとき、教師はどうすればよいでしょうか。私の場合は、**子どもたちの会話をよく聴いて、それを突然取り上げたりします。**

例えば、授業の合間の5分休み。板書を消しながら、子どもたちの会話に耳を傾けてみます。子どもたちは、先生が教室にいるという安心感があります。しかも、先生は黒板に向いているので、彼らにとっては自由な空間が生まれています。つまり、見られているようで見られていないため、彼らは奔放になります。

私は子どもたちに背を向けながらも、誰が喋っているのかを把握します。声の主を特定して、その内容を聞いておきます。そして、次の授業が始まるときに私は言います。

「〇〇君（声の主）、ちょっと立ってください」

いきなり指名されたその子はもちろん、周囲の子も驚きます。**「何か悪いことをしたのかな…」という緊張感のある空気の中、私はその子のそばに行き「昨日、野球を観にいったんだってね！」と笑顔で言います。**

これだけで教室がワッと盛り上がり、その後の授業にもスムーズに入ることができます。

授業の挨拶で聴き方を学ばせる

「起立、気をつけ、注目、礼」

授業の始まりを告げる挨拶。私は、いつも日直に号令をかけさせて授業を始めます。最近では、この挨拶をしないで授業に入ることも多いと聞きます。「授業時間を確保できる」「強制的な挨拶は意味がない」「教師からの押しつけである」ご意見を伺うとなるほどと思います。

しかし、本当にそれでいいのでしょうか。

挨拶をさせることには様々なメリットがあります。私は、**挨拶は「子どもの聴き方」にすべて通じる**と思っています。これから授業が始まるという意識と、ある程度の緊張感が、子どもたちの「聴く」「学ぶ」という空気を生み出します。

もちろん、いい加減な挨拶では、意味がありません。「やらされているという意識をもたせる挨拶」は、私も逆効果だと思います。

ですから、「起立、気をつけ、注目、礼」ということをクラスみんなで行うことは、**「授業の前に気持ちを一つにすることだ」**と、私は子どもたちに話します。

みんなで一つになることの意義、自分の気持ちをしっかりと整えることで次の時間がとても楽しくなることを実感させるのです。

足もとの指導が子どもを変える！

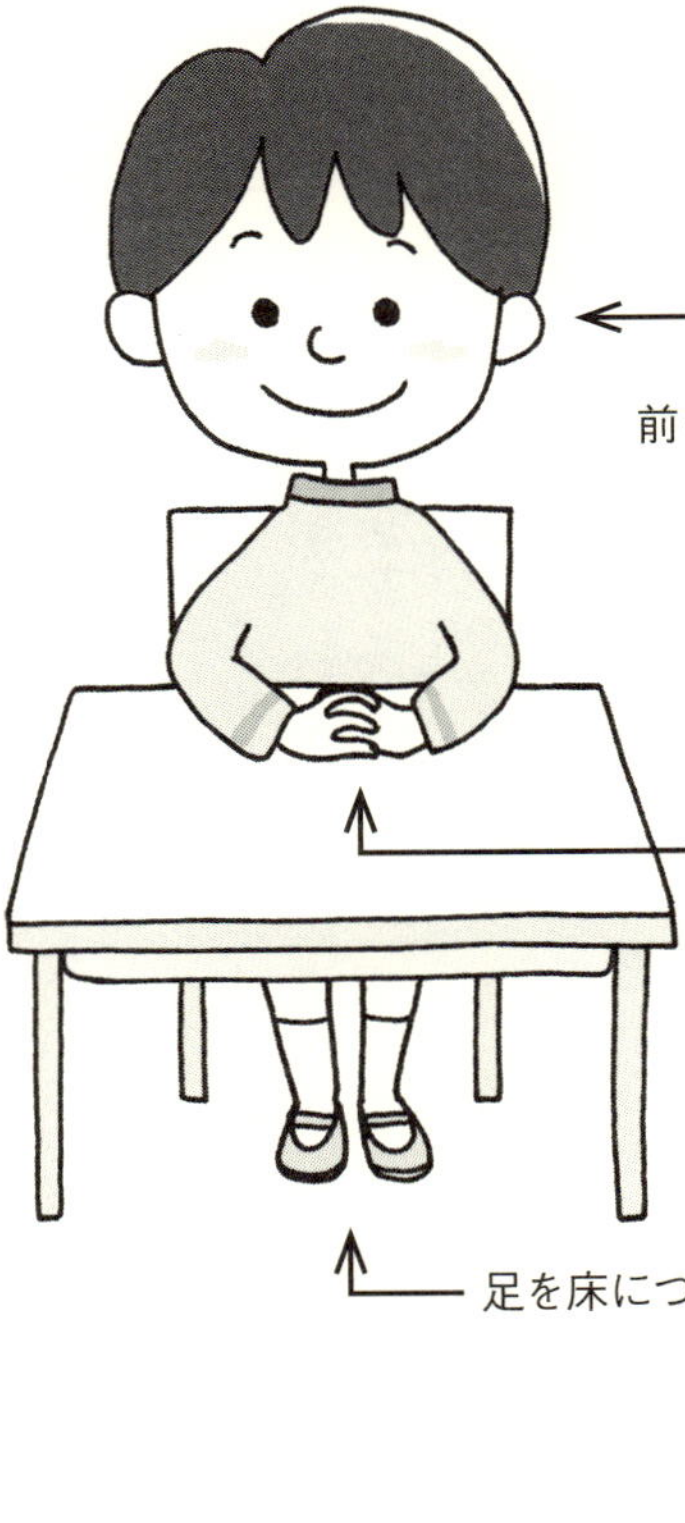

授業の挨拶に関しては、私は厳しく指導します。しっかりと立って、椅子を机の中に入れる。きちんと足を揃える。先生の眼をしっかりと見る。頭を下げて、しっかりと上げて止める…。

挨拶が終わった後の座り方も徹底的です。「ガタンと音を立ててはいけないよ」と私が言うと、挨拶の意味を感じている子は、座り方も意識してくれます。

座り方のポイントは、子どもたちの足です。**床にしっかりと両足がついているか。**椅子の高さにもよりますが、1年生はそれぞれの身体の成長差が少ないので足が届かないということはあまりないはず。ですから、まずは足もとに注目してみましょう。

もっと言えば、しっかりと足が床について揃えられていたら、手を組んで、机の上に乗せさせてください。そのときに、背もたれから大人のにぎり拳一つ分の間があると理想です。

この姿勢は、子どもたちに文字を書かせる指導でも大切なポイントになります。クラス全員が、**「しっかりと足をつき」「手を組んで」**、そして**「前を見ること」**が教室での基本姿勢です。

1年生の授業を参観するとき、私はまずはそのクラスの子の足もとを見ます。子どもたちが先生の方を向いて整然と座っています。顔も前を向いています。手もきちんと机の上に置いています。しかし、足もとはどうでしょうか。

足がブラブラと空中へ、ひどい子は靴を脱いでいたりします。先生はそれに気付かずに淡々と話を進めています。

「では、この問題がわかる人、手を挙げてください」と先生。

誰もが答えられるその問いに、三分の一の子どもしか手を挙げていません。私は最初、「参観者がいるから恥ずかしいのだろう。1年生でも普段の授業と違ってまわりの変化に戸惑い、手を挙げられないのだな」と感じていました。

しかし、そうではなかったようです。**足もとが揃ってしっかりと前を向いて、先生の話を聞いていた子は皆、手を挙げていました。**全員がそうであるとは限りませんが、足もとがブラブラ、靴を脱いでいた子は手が挙がっていなかったのです。

この授業参観以来、私は様々な場面での子どもたちの行動現場の足もとに注意してみました。体育のときの指示の聴き方、全校朝礼のときの足もとなど、特に低学年での子どもたちの足もとが話の聴き方のポイントにもなるのだと確信したのです。

これは、**朝礼の後の歩き方でも子どもの成長の跡が見られます。**6年生の歩き方、3，4年生の歩き方、そして2年生、1年生の歩き方にもそれぞれ子どもの成長の足跡があるのだと実感したのです。

6年生は、学校での生活習慣を一番よく知っています。教室までどのように歩いて入っていくかということを無意識に理解しています。学年が下がるにつれて歩き方にも変化が現れます。

一番違う点は足音です。特に階段の上り下りでは、それが顕著に現れます。バタバタと足音を立ててしまうのが低学年。高学年になるにつれて調整力が身に付くので、階段をどう上がっていくか、**まとまりのあるクラスは、足音を立てずにスーッと階段を上がっていきます。**私は、1年生のクラスの子に実際にその場面を見せてから、教室で子どもたちに尋ねてみます。

「今の6年生の階段の上り方で何か気付いたことがある？」

こんなことから、クラスづくりが始まるのです。

話を聴くのは教師から

新任のとき、私は他のクラスの担任の行動をよく見ていました。

朝礼のとき、校長先生の話があります。他のクラスは、みんなきちんと前を向いて整然と並んでいるのに、自分のクラスの子は下を向いたり、手いたずらをしたり、列を見るとグチャグチャに並んでいる…。私は、「他の先生はどうしているのだろうか」「どのように子どもに指示しているのだろうか」と、他のクラスばかり見ていました。

当然、校長先生の話などは耳に入ってきません。そして教室に戻ると、私は子どもたちに朝礼の整列のことを叱ります。子どもたちは、また叱られるのかという顔。私はそれに気付いて、また叱る。怒る…。私自身、校長先生の話を聴いていなかったのに、子どもたちには聴き方、並び方を注意する。すっかり悪循環に陥っていました。

自分の行動を反省した私は、**まずは自分が校長先生の話をしっかり聴くことからやり直しました。**そして、同じように話を聴いている子どもを探すことに専念しました。

教室に戻った後、私は「今朝の校長先生のお話は、ためになりましたね！」と自分から感想を述べます。さらに、話の途中で、話を聴いていた子を指名して感想を聞きます。

「さすが○○さん。しっかりと校長先生の方を見ていたからよく聴いているね！」

褒められた子は嬉しそうな顔。それから、他の子どもたちの意識も変わってきたのです。

キャラクター指導のコツ

私がはじめてケロちゃん人形をつくって話をしていたとき、ある先生から「子どもだましで興味を引きつけるだけではだめだよ」と言われました。

当時は「でも、子どもたちが喜んでいるから、いいじゃないか」と心の中で反発していましたが、今ではその先生の言っていることは正しいと思っています。

指導には、小手先の興味関心ではなく、しっかりとした哲学がないといけません。哲学という言葉が言い過ぎなのであれば、教育観と言い換えてもいいでしょう。

子どもたちに投げかける言葉、教材、一つひとつに意味をもたせることが大事だということです。

私のケロちゃん話で言うと、「ただ子どもが喜ぶから」ではなくて、「なぜ、喜ぶのだろう」「ケロちゃんを持ち出すことで、どんな効果があるのか」という真の狙いをもって行うべきだということです。

私がケロちゃん（キャラクター）を教室に持ち込むことの意義は、三つあります。**一つ目は、第三の眼をつくること。**

教室には二つの眼があります。一つは、子どもの眼。教師は子どもたちに観られて授業をしています。もう一つは、自分自身、つまり教師の眼。ここに第三の眼として、キャラクターを置くわけです。この眼は、教師と子どもたちのやり取りを観ているという立場になります。学級経営においては、この眼がとても大切になってきます。

例えば、クラスで問題が持ち上がったとき、教師は「こんなとき、ケロちゃんだったらなんて言うだろうね」と言うことができます。教師の言葉を出しづらいときは、「ケロちゃんから手紙が来たよ」と、ケロちゃんを通して教師の思いを伝えることができます。

子どもたちもケロちゃんに常に観られていることを意識しているので、その言葉に耳を傾け、問題を解決しようと建設的な意見を出します。

二つ目は、「子どもがケロちゃんを大好き」「先生もケロちゃんを大好き」となることで、教師と子どもに共通点ができ、両者の関係が緊密になります。これはオーストリアの心理学者フリッツ・ハイダーのバランス理論によるものです。

三つ目は、教師の話術の向上です。

子どもたちにどう伝えればいいのかと、ケロちゃんを通して考えられるようになります。子どもとの会話がちぐはぐだったから、次はこうしてみようとか、失敗も次にいかせます。

そうやって考えることで、教師は子どもたちに「あれ？　今度の先生はおもしろそうだぞ」と思わせようと努力するようになります。

ちなみに、ケロちゃんは、入学式で人形を登場させますが、それ以降はあまり登場させません。宇宙へ冒険旅行に行っていることになっていて、滅多に姿を見せないという設定になっています。

実は、**あまり人形を登場させないのが、創作童話を長く続けるコツ**でもあります。というのも、創作童話はできるだけ子どもたちの頭の中で展開させたいからです。実物がなくても、想像すればその世界が広がるようにすることで、いつでもどこでもケロちゃんの話題を持ち出すことができます。

そして、みんなが特別に頑張ったときや、運動会の前の日、サッカー大会の後など、それぞれの行事の前後にちょっとだけ登場させるといい。すると、子どもたちは大喜びしてくれます。

キャラクターを教室に入れることは、教室にもう一人みんなのヒーローを入れることです。その眼にいつも観られていることで、自分を振り返ることができるようになるでしょう。

将棋のススメ

「この空間はなんだろう！」

部屋に入った瞬間、自分の体が硬直したことを今でも覚えています。

そこは、将棋会館の特別対局室。

プロ棋士でもこの部屋で対局できる人は限られています。

４００年以上の歴史のある将棋界。たった一つの名人位目指して、少年時代から思考の格闘を繰り広げたたった一人が、この対局室の上座に座ることができます。私の目の前には、羽生善治名人が今まさに対局前の儀式である駒箱に手をかけようとしていました。

私は、30年間、子どもたちとまさに奮闘してきました。教室という空間で幾度となく、子どもたちとの会話のキャッチボールをしてきたことでしょう。将棋の指し手も一手一手、自分が指したら、手番は相手に移ります。交互に指していき一局をお互いに築いていきます…。

そんなことを考えている間に、目の前の羽生名人が、相手に一礼をして駒箱から駒を並べていきます。相手の対局者は、羽生名人が王将を置くまではただその仕草を見守り待ちます。王将を「ピシッ」と盤上に丁寧に指すと相手は礼をして、今度は「玉将」を置きます。羽生名人も相手の仕草を待ちます。まさに一手一手交互に相手に敬意を払いながら、これから始まる何時間の思考（対局）の会話の準備をするのです。

そんな二人の様子を見ながら、私は自責の念に駆られました。

「果たして、私は教職生活でこのことをしてきただろうか？」

「子どもたちの言葉をしっかりと認めて、敬意を払ってきただろうか？」

40枚の黄楊の盛上駒が並べ終わると、それぞれの駒を一枚一枚、しっかりとマス目に入っているのを確認するように、改めて駒を見つめます。これから対局が始まります。

両対局者がそれぞれの駒を見つめているその眼は、まさに将棋に対する真摯な眼でした。将棋から学んできたこと、今まで蓄積してきた研鑽、努力、自分のもっているものをこれからすべて出そうという気持ちがひしひしと盤側で観戦している私の心に響いてきました。

この対局室の空間、人間が真剣に対峙し、思考をすることでしか生まれない空気。これを学校教育でも導入できないか。もし、この空間が少しでも教室にできれば、きっと学校教育はもっともっとすばらしいものになると確信したのです。

私は、中学時代に将棋のプロ棋士を目指し、弟子入りをして修行をしてきました。目の前にはその夢の実現者が座っています。自分はプロ棋士にはなれませんでしたが、将棋から学んだことは数多くあります。もしも将棋にかかわっていけなければ、教師にはなっていなかったと思います。

「では、定刻になりました。羽生名人の先番です。対局を開始してください」

記録係から声がかかりました。

「お願いします」

両対局者の深々としたお辞儀。そして、静寂…。駒の音だけが響き渡る対局室。

私は、学校での教室を思い出していました。

「起立、気をつけ、礼」と、日直の号令。「お願いします！」と、元気のよい子どもたちの声。「着席」。そして、静寂。みんなの視線が私に注がれます。

「さあ、〜」

皆さんは、教室でどんな第一手を指すでしょうか？

第2章

クラスを一つにするコツ

子ども自らが動く「スイッチ」を入れる

1年生の教室は、子どもたちの小宇宙です。毎日様々なドラマが展開されます。子どもたち一人ひとりの成長がまさに進化していく過程が垣間見られます。大人の成長とは違い、秒刻みで自分の殻をどんどんと打ち破っていくように感じます。

昨日できていなかったことが、今日になるとスムーズにできている子どもを見ると教師も子どもから学ばなくてはいけないなと感じます。

人は一つできることが増えると、そこに自信が生まれてきます。一つできたことで、次のことがスムーズにできることにつながります。

しかし、教室全体を見てみると、まだできない子や悩んでいる子がいることも忘れてはいけません。**ほとんどの子ができているのに、自分だけができないでいる子に気付かない教師ではいけません。**それでは、ただの「やらされている学級」になってしまいます。そうではなく、「子どもたちが自ら動く集団」に変えることが教師の腕の見せどころです。

そのためには一つの着替え、一つの礼、片付けに「スイッチを入れて」あげましょう。

「では、着替えますか？」と尋ねると、「着替えます！」と元気のよい返事が返ってきます。「着替えなさい！」という命令ではなく、**あくまでも決定権、判断を子どもに委ねる発言、指示をする**ことが大切です。

さすが！　1年○組の子だね！　先生嬉しいな！

子どもたちが自分で動くようにするためには、できるだけ子どもが主体的になるように指導することが大切だと述べました。

ただし、最初からなんでも子どもに決めさせると、とんでもない方向にいってしまいます。ですから、教師はある程度までは手引きしてあげる必要があります。

例えば、子どもたちが集団行動がうまくできたときに、「今日の朝礼は、みんなしっかりと前を向いていい姿勢だったね」とか「誰もお話をしないで、校長先生の話を聴いていたね」と彼らの行動を褒めた後、「先生は、とても嬉しいです。さすが、1年○組の子です！」と付け加えます。

この「さすが！　1年○組の子だね！」というフレーズは、毎日ちょっとしたときに使います。すると、子どもたちは、「ああ、僕たちがこうすれば、先生が喜んでくれるんだ」と意識してくれます。

これが学級づくりの土台になります。**自分がした行動で、人が喜んでくれる。身近な人が認めてくれることが子どもたちの集団意識になる**のです。

ただ、褒めるだけではなく、「先生、嬉しいな！」を添えることがポイントです。

掃除でクラスを変える

学級開きの際、私は子どもたちに「掃除でクラスを変えます！」と宣言しています。それくらい、クラスづくりにとって掃除は大切です。

子どもたちには、**「掃除は、やらされてやるのではなく、自らやるものだ」**ということを理解してもらわなければいけません。

私のクラスでは、子どもたちには雑巾を2枚持ってきてもらいます。1枚は学級用、もう1枚は自分専用。そして、**全員が「掃除見習い」からスタートします。**掃除見習いは、雑巾だけしか使えず、から拭きしかできません。

1日目。まずは自分用の雑巾で、自分が使っているところを拭いていきます。机の上、机の中、トレーの中、ロッカーなどなど。1年生は、掃除をするのがはじめての子もいるので、丁寧に教えていきます。

2日目。私は掃除開始前に、昨日のから拭きのときに観察していたある子の名前を挙げます。

「皆さん、聞いてください。昨日の掃除の時間、○○君は、黙ってしかも丁寧に自分の机の上や机の中、ロッカー以外に床やみんなで使う鉛筆削りまで拭いてくれました。今日から○○君を『掃除3級』に認定します」

子どもたちは大拍手！　「掃除3級」になると、水拭きができるようになります。さらに、他の子を「掃除3級」に推薦する権利が与えられます。

私は「掃除3級」に昇格した子を呼び寄せ、その子だけに雑巾の絞り方を教えます。ただし、他の子にも聞こえるくらい大きい声で。皆、どんな方法なのか気になって仕方がないのでしょう。耳をそばだてています（笑）。**最初に教わった子には、その後昇格してくる子どもたちに絞り方を指導するように伝えます。**ここが、ポイントです。

これを機に、他の子どもたちも真剣にから拭きし始めます。私はモップを持ちながら、皆の様子を観察します。

その日の帰りの会。既に「掃除3級」に昇格していた子が、まじめにから拭きしていた子たちの名前を挙げます。これで、彼らも翌日から「掃除3級」となります。

また、さらに掃除を頑張っている子には、「掃除2級」に昇格させます。2級になると、箒を使うことができます。そして、「掃除1級」になると、小さめのモップが使えるようになり、「掃除名人」になると、私が使っている大きいモップが使えるようになります。

階級については、黒板の上の掲示板などに、子どもたちの名前の札を道場などで見るような感じで階級毎に掲げておきます。

名人になった子には、手づくりの免状を渡します。「これで、君は掃除のプロだ！」と褒めながら渡すと、受け取った子は嬉しそうに笑いますし、周囲の子も「早く名人になりたい！」と意欲をもって掃除に取り組んでくれます。

毎日、帰りの会で誰かが推薦したり、褒めたりするので、１、２ヶ月もすれば皆が「掃除名人」になります。

何度も言いますが、掃除というのは自分でやるものです。これは勉強と同じ。やらされているのではなく、自分からやる。これが大事です。

先生やお母さんが見ていなくてもやる。その代わり、友達が頑張っているのを見たら、皆に話してあげるといい。そういう文化をクラスに浸透させていくわけです。

また、友達同士で推薦したり、掃除の仕方を教えたりするというのは、お互いがリスペクトし合える関係ということ。この関係が、授業でもいきてきます。**子どもたちは自分が認められることで、自尊感情が芽生え、何事にも主体的になります。**

掃除でクラスを変える！

決して大それたことではなく、当たり前のことですが、そこをきちんと指導していくことが、クラスをつくっていくコツなのではないでしょうか。

日直と係活動はプライドをもって行うようにする

「起立、気をつけ、注目、礼！」

日直の号令が響きます。号令に合わせて、子どもたちは自分の気持ちを整えます。前述した通り、この礼にはとても大きな意味があります。学校教育の中では規律ある生活を送らせることが、何より子どもたちの安全な生活を確保することにつながります。

そして、日々の生活の進行役として、子どもたちに日直、あるいは係活動をさせることはとても意義があります。

まずは、日直。これは、基本的に二人組にします。どちらかが主導権を握ることにもなりますが、**お互いが協力、協調、分担して仕事を行うことに意味があるからです。**

また、日直には**日直日誌をつけさせます。**「1年生には大変…」と思われる方がいるかもしれませんが、ぜひつけさせるべきです。日直日誌には、日直の仕事（やるべきこと）を、チェックリストとして書いておきます。具体的には次の通りです。

① 窓を開けて、新鮮な空気を教室に入れる
② 黒板を確認して、チョークを揃える
③ 机の整理整頓
④ 床のゴミの確認

⑤　朝礼に間に合うようにグラウンドに出るように声をかける
⑥　朝の提出物、宿題を揃える
⑦　配布物を配る
⑧　全部確認ができたらグラウンドに出て朝礼に参加する

「日直は、その日の代表である」

子どもたちには、プライドをもって仕事をこなすように指導しましょう。

次に、係活動。これは、複数のグループで活動させることで、**お互いの協調性を育むと同時に、自主性を身に付けさせることができます。**学習活動にも言えますが、「自分から行うこと」が大事です。

私は、子どもたちにはすぐに係活動をやらせることはありません。その前に、学級目標を設定すること、それを1年生の子どもたちに具体的に示してあげることが重要だと感じています。例えば、学級目標を「世界一のクラスにしよう！」に決まったとしましょう。その上ではじめて、「では、世界一のクラスにするためにはどんなことをしたらいいかな？」と問いかけます。学習でも遊びでも、特別活動でも同じことです。係活動の話をする前に、様々な意見を聞きます。

「しっかりと勉強することです」「テストで100点をとることです」「ケンカをしないで楽しく遊ぶことです」……。

子どもたちから挙がってきた意見を板書して、私は言います。

「では、そのために手伝ってくれる人はいますか？」

全員が一斉に手を挙げてくれます。そこで、私は具体的に聞いていきます。

「しっかり勉強するためには、どんな係が必要かな？」「学習係が必要だと思います」

「ケンカをしないで楽しく遊ぶためには？」「遊び係がいいかな」

このように、一つひとつの係を皆で創出してクラスを構築していきます。**あくまでも、教師主体ではなく、子どもたちを主体にします。教師が勝手に決めた係を押しつけても、子どもは責任感をもちません。**

係活動は、継続して行うことで意味が深まってきます。子どもたちの自主的な活動を正しい方向で進めるためには、しっかりとそのゴムを引っ張ってあげることです。準備をして思い切り引っ張ってあげたゴムは、手を離した後はその距離をのばして飛んでくれるはずです。

放課後の探検でクラス環境を向上させる

学級目標を「世界一のクラスにしよう！」と決めると、自然に子どもたちの会話にも変化が表れます。

「おいおい、そんなことでケンカをしたら世界一のクラスはできないよ」とか「今日は忘れ物が多かったように思います。これでは世界一のクラスはできません。明日から点検係が忘れ物をチェックします」と、子どもたち自身が活動を展開していきます。

ときには、方向違いのように映る場面もあるのですが、間違っていなければ、たとえそれが遠回りでも私は任せるようにしています。

「あくまでも主体は子どもたち自身」です。

ただし、そこには必ず教師の見守り、助言がないといけません。

ある日の放課後、私は係の班長を数人残して、次のように言いました。

「今日は放課後残ってくれてありがとう。これから10分間校内を探検します。黙ってついてきてください。他の学年クラスに入ることがありますが、黙って気付いたことをメモしてくださいね」

私は子どもたちにポストイットを手渡して、放課後の校内を回ります。普段は入ることができない他のクラスに入るのですから、子どもたちは興味津々の様子。やる気満々でメモをとっていました。

見学後、自分の教室に戻った子どもたちは、自然と互いにメモを見せ合い、話し合いを始めました。

私は、遠くから見守っているだけです。「こうしなさい、ああしなさい」と言わなくても子どもたちは活動するものなのです。

さて、放課後探検の翌日。

各班からは、様々な提案が相次ぎました。

「教室の前のサイド黒板を工夫したい」

「掲示物の展示の仕方を変えたい」

「学習ノートの提出の箱づくりを始めたい」

子どもたちは、他のクラスから刺激を受けて、自分の教室環境をもっとよくしたいと思ったわけです。

班長が中心になり、班員も加わって休み時間に活動をしています。

「あのね。４年〇組はこんな掲示板だったよ。僕たちもそれを真似してみようよ」

「掲示物をもっと大きくしてみたらどう？」……

帰りの会。私は「今日の放課後、各係の副班長は10分間残ってください」と伝えます。

前日の班長見学のことは、既に伝わっているので、みんなニヤニヤしています。

こうして、それぞれの係の中での自分のやるべき課題を整えていきます。

もちろん、次は、班長、副班長以外の班員を残します。

ちょっとした放課後の秘密の見学が、学級をよりよくしていくのです。

朝の会は教師主導で

「おはようございます！」

みんなの声が教室に響き渡ります。子どもたちの元気のよい挨拶を聞いていると、これから始まる一日に身が引き締まります。

さて、朝の会は、どんなことをしたらいいでしょうか。

日直に司会を任せたり、発表スピーチをさせたり、今日の予定を知らせたり…。短い朝の時間でできることは限られています。

私の場合は、**日直の号令の後、ほとんど私だけが話をします。**

例えば、月曜日であれば、全校朝礼があるので、校長先生のお話を話題にすることが多いでしょうか。せっかく私たちのために校長先生がお話をしてくれたことの確認と同時に、それについてどう思ったかと聞くようにしています。そして、**子どもたちには「しっかりと聴いていた子だけが、しっかりと考えることができるんだ」と言います。**

私が朝礼で話があった日の朝の会では、いつも「では、皆さんはどう思いますか？」と聞くので、子どもたちも自然と朝礼では「聴く」態度が良くなっていきます。

「聞く」から「聴く」へ、朝の会のちょっとした一言で教室も、朝礼も態度が変わってくるのです。

帰りの会は子ども主導で

一方、帰りの会は、どうでしょうか。

私は帰りの会については、**ほとんど子どもたちに運営を任せています。**

最後にちょっと話をする以外は、着替え、帰りの準備の指示、帰りの会の開始時刻、運営まで日直と学級委員に任せています。帰りの会では、日直が司会役、学級委員や各係がサポートをして進めます。子どもたちは、全員が帰りの身支度を済ませて参加します。しっかりと前を向いて、他のことはさせません。

ただ、これらは、高学年だとすぐにできるかもしれませんが、1年生相手だと一朝一夕にはできません。子どもたちの間できまりをつくらせ、それを守っていこうという心構えに育てていく必要があります。少しずつ、時間をかけて運営の仕方を学ばせていくのです。

ポイントは、**「教師が指示していたことを少しずつ、できるだけ子どもに言わせるようにシフトしていくこと」**です。

急にやろうとしても、うまくいきません。少しずつ少しずつクラスの実態、子どもの力量に合わせて運営を学ばせるのです。そして、うまく運営ができたときは、最後の私の話のときに、特別に褒めてあげます。そうすると、日直だけでなく、それを見ていた他の子も「なるほど。こうやって運営すればいいのか」と学んでくれるでしょう。

学級会で子どもたちを「観る」

朝の会は教師主導、帰りの会は子ども主導で運営していると、普段の学級会も変わってきます。

私のクラスでは、週に一度学級会が開かれます。ここでは、学級委員が司会・進行を務めます。私は**当日の休み時間に、学級委員二名、そして副学級委員とその日の議題や最近の話題、気付いたことを話し合います。**

毎月のクラス目標、係活動の話し合い、最近のみんなの様子、授業中の様子など様々な議案が出されます。ある程度みんなで話し合った後に、運営の仕方やポイントをアドバイスして後は任せます。

学級会の時間、私は、運営の方ではなく、**参加している他の子どもたちの様子をしっかりと観察しています。**誰がはじめに発言したか、手を挙げている子は誰か、しっかりと聴いている子は誰かをチェックするのです。一方、集中していない子、他のことをしている子は、私ではなく、副学級委員がチェックしています。

学級会が終わった後、今日の話し合いチェックの発表があります。副学級委員に注意された子は、すまなそうに反省をしていました。私は、その反省した子を次の会のときに気をつけて見ます。しっかりと聴けたときに褒めてあげるためにです。

ケンカが起きたときは、じっくりと話を聞く

ケンカは、どの学級でも起こります。

「私の学級ではケンカはゼロです！」という教師がたまにいますが、それは表面だけを見ているに過ぎないと私は思っています。

１クラス40名前後の人間がいれば、ケンカが起こるのは当然です。まして、１年生はまだこれから成長する段階。未成熟な存在です。**自分本位に生きてきた今までの過程が、集団活動では否定される場面も数多く存在します。**正しい意見、自分が信じてきた概念が覆されることもあるでしょう。

集団での意見の食い違い、自分の思い通りにことが進まないとき、大人でもイライラします。わがままな相手と遭遇すれば、「なんでこんなことをするのだ」と思うのは、子どもも同じです。

そして、そのような場面に遭遇したときに試されるのが、教師の力量です。

私の場合は、まずじっくりとその場面のことを聞きます。**ケンカが起きたときは、この「じっくりと聞いてあげること」が重要です。**

騒ぎが大きいと、とにかく場を収めることに必死になり、つい話を聞かずに判断をくだすことがありますが、そうではなく、場を収め、子どもたちを落ち着かせてから、お互いの言い分をしっかり聞いてあげましょう。

もし、**二人でのケンカであれば、私はわざと周辺の子に聞こえるようにしてそれぞれの言い分を聞きます。**

これは、「教室で起こったことは、みんなの共通な課題」だという私の考えからです。自分には関係がないという周辺の雰囲気への指導も兼ねています。

1年生の教室で注意しなくてはならないことは、**「全体を見ながら、個人を見る」**ということです。俯瞰して見ながら、見失いがちな小さな面を見逃さないということです。

クラスには、手のかかる子が必ずいます。普段の授業や友達同士のトラブルなど、その子が多くかかわっていくとなると、どうしてもその子だけに眼がいってしまいがちです。

しかし、そんなときこそ、教室の片隅で悲しそうに座って泣いている子がいないか気にかけなくてはいけません。

子どもたちのトラブルで一番多く聞かれることは、「僕は、なんにもしていないのに、○○君がぶってくるのです」というもの。

「ふーん、なんにもしていないんだ〜」と私が返すと、ちょっとした間ができます。

興奮して言いつけにきたその子にも、ちょっと笑みが漏れています。この間が、「聞く」ことにつながります。子どもたちの様子をしっかりと把握しながら、子どもと教師の両者が冷静に対応できる間が必要なのです。

私は、教室の隅で泣いている子のそばに近づいて隣に座ります。肩を寄せて「どうしたんだい？」と顔を覗き込みます。

その子は、俯きながら私に「誰も遊んでくれないの…」とまた一粒涙が零れます。

私は、そっと机の上のその涙をハンカチで拭きながら、「では、先生と遊ぼう！」とその子と手をつないでグラウンドに歩き出します。

するとどうでしょう。そんな光景を見ていた仲間が二、三人と列をなしてくるではありませんか。

1年生の子どもたちにも、しっかりと**相手の気持ちを察する**という心が芽生えているのです。

保護者会での自分の話を録音する

初任の頃、私は保護者会をどう運営すればよいのかわかりませんでした。

そこで、私が行ったのは、**保護者会での自分の話し方を録音すること。**自分がいったいどのような振る舞いをしているのか、客観的に知ることが大事だと思ったのです。

「この話し方は、早口でだめだな」

「ちょっと慌てているな。もう少しゆっくり話した方がいいな…」

帰りの電車で、録音したテープをイヤホンで聞きながら、よく反省したものです。

一方で、**保護者の反応が高い話を分析してみると、子どもたちを褒めているとき**だということもわかりました。

どれだけ一般的な指導の話、教育的価値の高い文献を紐解いて話したところで、保護者の心にはあまり響きません。それよりも、保護者が知りたいのは、**担任の教師がどのように子どもたちと接しているか**です。

ですから、保護者会では、できるだけ子どもの話をするようにしています。彼らが今どのような考え方をしているのか、どのような行動を取っているのか、クラスの雰囲気がわかる出来事や子どもたちが書いた作文などを紹介しています。

保護者会では、通常、学校・学級の事項、必要提出書類、１年間の行事予定など事務連絡が多く、これだけでほとんどの時間を費やしてしまうことがあります。

しかし、教師の教育観、児童観を伝えるには、保護者会は絶好の場です。同時に、1年生の保護者にとっては、これから6年間お世話になる学校ですから、子どもがどのような学校生活を送ればいいのか、を知る機会でもあります。そのことを意識しながら、教師は話すとよいかもしれません。

私は、保護者会で挨拶するときに、次のようなお願いをします。

「担任の安次嶺です。皆さんに、一つお願いがあります。私がもう一度教室のあのドアから入室します。そのとき、嘘でもいいですから、拍手をしていただけますか」

すると、保護者の方々は笑顔になって頷いてくれます。教室内に張り詰めていた緊張もフッと和みます。

そして一度退場して、再度ドアを開けた瞬間、大きな拍手。私は笑顔で登壇。一礼して言います。

「皆さんからの拍手で始まる保護者会。おそらく全国の小学校でも、この1年○組だけだと思います。盛大な拍手をありがとうございました。今は、拍手をお願いしましたが、

この拍手の意味は、きっと私と子どもたちがこれから送る1年でおわかりいただけると思

っています。どうぞ、安心して全面的にお任せください。そして、この一年、子どもたちとともに楽しんでください」

私が拍手を求めたのは、**私に向けてではなくクラスの子どもたちに向けて**という意味が込められています。クラスは皆で見ていきましょう。わが子だけを見るのではなく、皆を見ましょう。教師だけでなく、皆で支え合って頑張りましょうという拍手なのです。ここに私の教育観が込められています。

そして、あえて「任せてください」と宣言することで、保護者が何も心配せずに子どもたちを学校へ送り出してほしいということを伝えています。

拍手と宣言の後、教室に安心感が漂い始めたところで、私は「おみくじゲーム」などで親睦を深めていきます。

教室の緊張した空気を明るくする。**保護者が、笑顔あふれる楽しい時間を過ごすことは、そのまま子どもたちがこれから過ごす時間になります。**そのことを保護者に知ってもらえれば、彼らは教師に絶大な信頼を寄せてくれることになるでしょう。

拍手は返ってくる！

「拍手は返ってくる」

私は、そう子どもたちに言っています。例えば、運動会。暁星小学校は男子校です。そのせいか、ほとんどの種目が競技となっています。6年生の最後の組体操以外は、すべての競技に1～3位と順位が発表され点数に加算されます。

最近は、「徒競走での優劣はよくない、みんな平等に」という風潮から順位をつけない学校もあると聞きます。ですから、暁星小学校の運動会をはじめてご覧になり、その熾烈さに驚かれる方もいます。

運動会には、いつもドラマがあります。例えば、徒競走。1年生にとっては、小学校に入ってはじめての運動会です。徒競走は、各組二名＝六名がスタートラインに並びます。前を向いて、自分のゴールを目指して駆け抜けます。ある子は途中で靴が脱げてしまったり、相手と交錯して抜かされたりするアクシデントもあります。

1位には緑色のリボン、2位は黄色、3位はオレンジのリボンが贈呈されます。この日だけは、このリボンを制服の腕に差し替えて帰宅できるので、子どもたちにとってはとても名誉あるリボンでもあります。

しかし、ドラマは、そのリボンをもらえなかった4～6位の子どもたちの中で起こります。必死に駆け抜けたけど、惜しくも4位…。寸前でリボンを逃した子は、悔しそうにゴールにうずくまります。ゴール付近でビデオを抱えている両親と眼が合った瞬間、涙が溢れ出てきます。

1～3位の子どもたちは、係の子の誘導でそれぞれの順位の旗の列に誘導されます。残りの子は、勇退門から自分の席に一人で戻ります。児童席と保護者の間の通路を、それは悔しそうに走って帰る子、とぼとぼとゆっくりと歩く子、中学年以降になると苦笑いを浮かべ照れくさそうに戻る子など様々です。

でも、1年生は違います。自分の感情を正直に表している子がほとんどです。全力で走り切った子は、たとえビリでも満足げに戻ってきます。そして、児童席で待っている担任がその光景を見守ることになるのです。

「あぁ～、悔しい！」と大声を出して悔しがる子。

悔し涙を浮かべ、傷心で座っている子が一人二人と席に座っていきます。私は、それぞれの子の頭や肩を撫でながら彼らの健闘を笑顔で称えます。私が何かを言おうと思案していると、ある声が聞こえてきました。

「大丈夫だよ、僕なんか6位！　ビリだったよ、泣かないでね」

その子は、靴が脱げて4位になってしまった子を励ましていました。

一人の子がそんな言葉をかけた途端に、悔し涙が少し笑顔に変わった瞬間を見ました。

次々に敗者が戻ってくる児童席に、励ましの言葉が交錯します。私は胸が熱くなりました。

教師が何も言わなくても、お互いが支え合う瞬間が1年生でもあるのです。

私は、運動会が終わった後の教室で、このことを皆に話しました。

徒競走はビリだったけれど、他の子を励ましたその子のすばらしさを…。

「拍手は、いつか返ってくる」「負けた後が、とても大事」

言葉ではわかっているつもりでも、実際の現場はよく目をこらして見ていないと過ぎ去っていくものです。

「1年生に学べ」ということが、よくわかった出来事でした。

第３章

土台をつくる
生活指導のコツ

着替えるときの魔法の言葉

暁星小学校は、制服を採用しています。上は白いワイシャツで、冬場はその上に黒の詰め襟制服を着ます。ただ、登校したら、活動しやすいように校内着に着替えるのがルールとなっています。1年生の着替えは、やっぱり大変です。騒いでいる子もいれば、脱ぎっぱなしの子もいます。

子どもたちを着替えさせるときは、**途中で一度止めること**がポイント。私は前もって、子どもたちと魔法の言葉を決めておきます。

「魔法の言葉！ 氷になれ！」

こう言うと、子どもたちはおもしろがって、着替えの途中でも止まってくれます。

「ごめんね、着替え中に。でも、聞いてください。先生は、すごい子を発見しました！○○さんは無言で、きちんとワイシャツを畳んで鞄に入れています！ みんなで拍手！」

私が褒めると、皆がその子のワイシャツに注目します。

「では、魔法の言葉を解除します！」

すると、子どもたちは、自分の脱いだワイシャツを畳み始めます。畳み方の上手下手は関係ありません。ここでは、畳もうとする行為が大切。皆、静かに畳んでいました。

ちょっとした言葉かけで、1年生は変わるのです。

給食は黙食で

私のクラスでは、昼食の時間は「黙って食べる」つまり、「黙食」が基本です。教職25年が過ぎた頃でしょうか、ある先生の持ち上がりのクラスを担任したときのことです。子どもたちが、食事の時間、皆一言も話さずにとても静かに食べていたのです。当時の私は、「食事の時間は、楽しく会話しないと学校ではない！」と信じていたので、はじめは「黙食など、子どもの自然の姿ではなく、強要している。もってのほかだ」と思っていました。

しかし、実際に黙食している子どもたちの様子を見ていると、「なかなかいいな」と思いました。長い学校生活、子どもたちはいつもワイワイしています。**だからこそ、食事の時間だけはあえて静かにすることで、心を折りたたんで過ごすことができる**のではないかと思ったのです。もっと言えば、**食事をつくってくださった方に感謝しながら食べる**ということ、**午前中の自分の行動を振り返る貴重な時間になる**ということを感じたのです。

また、子どもたちにしてみれば、黙って食べると食事の時間を短く済ませることで昼休みを長くすることができます。

それ以来、私は黙食を続けています。子どもたちも静かな空間で気持ちよさそうに過ごしています。

席替えは心を折りたたむ大事な行事

お正月、初詣や新年の誓いを立てて新しい年のスタートを切る人が多いと思います。**新たな気持ちで物事に向かうことは、「心を折りたたむ」ことにつながります。**自分のしてきたことを一度リセットして気分一新、前に進んでいこうという切り替えの心がそこにあるのでしょう。

では、学級で「心を折りたたむ」という行事はなんでしょうか。

子どもたちの視点に立ってみれば、それは「席替え」だと思います。人間はある程度物事が進んでいくと、どうしても慣れが出てきます。いい慣れもあれば、悪い慣れもあるでしょう。言い換えるならば、**いい習慣になればいいのですが、悪い習慣になってしまうことが出てくる**ものです。

そんなときは、「席替え」をして学級を一度リセットしてみましょう。

1年生にとっては、この席替えはとてもワクワクするようです。「隣は誰になるかな」「近くの子は誰かな」「前の方の席かな、窓際かな」「一番後ろの席かな」……。あれこれ想像して、友達の方に姿勢を向けている子がいます。

初任のときに、私はソシオメトリーをとって、当時出始めのパーソナルコンピュータ(PC88)を購入して専用ソフトで分析していました。

児童相互の関係、そしてお互いをどう見ているか、クラスの雰囲気が自分の思っている通りかどうか…などを調べたものです。

しかし、結果はどうだったかというと、**分析したというよりも自分の思っていることと子どもたちがお互いに感じていることは、だいぶ違う**ということでした。

自分の眼では、あの子とあの子は仲が良すぎるので席を離しておいた方がいいかな…と漠然と思っていたことが、大きく違っていたことがあったのです。

子どもたちの考えや、思いは、私たち大人に比べてスピーディに進んでいます。特に1年生にとっての1学期は、精神面での変化がとても大きい。知らなかった知識を得たり、他人の行動から刺激を受けたり、自分の行動が他者から大きな関心をもって見られたりすることで、**対人関係や自分の立ち位置の認識が目まぐるしく変わっていく**のです。

ですから、私はあまり意識し過ぎず、大きなトラブルなどがない限り、子どもたちに任せようと思うようになりました。

席替えの方法はいろいろありますが、多くの場合は「くじ引きで決める」ようにしています。その上で、身体的なこと（視力など）を考慮して入れ替えるようにしています。

席替えをすることで、教師も子どももも一度心を折りたたむ。これは、授業を始める「挨拶」も、給食を食べるときの「黙食」も同じです。

丁寧に心を折りたたむ時間が取れれば、様々な出来事を心の中にきちん仕舞うことができます。その日あった出来事、これまで積み重なってきた出来事、友達や先生との関係…。そういったことをゆっくりと振り返り、そして切り替える時間をつくってあげるのです。

人間は、心を折りたたむことができれば、ゆとりができます。

現代社会はなんでもスピーディに動きます。テレビやインターネットから情報がのべつ幕なしに出てきます。今の子どもたちは、その速度に慣れてしまっています。

だからこそ、30秒の時間でも感じさせて、ゆっくりと考えさせる時間を取ってあげるといいのかもしれません。

一つ一つの行為をきちんと意味づけて、心を込めさせることで、子どもたちに「心の折りたたみ方」を学んでほしいと思っています。

落とし物箱はつくらない！

落とし物。一般的には、教室に落とし物箱を設置して、帰りの会などで係が本人に渡したりしています。しかし、**私のクラスには、落とし物箱そのものがありません。**

私は、係活動を決めるときに「このクラスには落とし物箱をつくりません」と宣言します。そして、子どもたちに筆箱を出すように言います。

私は、一番前の子の筆箱から、一本の鉛筆を借りて、皆の前に掲げます。

「この鉛筆君は、どうして生まれたのかな？」

いきなりの質問に戸惑いながらも、子どもたちは自分の意見を述べます。「木から生まれました」「工場の人がつくりました」などなど。続いて私は、「では、どうして今みんなの筆箱君の中にあるのかな？」と尋ねます。子どもたちはしばらく考えて、「お母さんが買ってくれたからです」と答えます。「では、そのお金はどうしたの？」とさらに尋ねると、「それはお父さん、お母さんが働いてくれたからです」と子どもたち。

私は「そうだね」と頷いてから、**鉛筆一本の誕生から、それが自分の筆箱に入ってきた道のりを話します。**そして、ここではじめて子どもたちに鉛筆を持たせます。

「もし、これが床に落ちていたらどうする？」

こんな対話をすることで、ものを大切にする心が育まれるのではないでしょうか。

連絡帳のチェックは子どもに任せる

教師と子ども、教師と保護者をつなぐツールとして大切なのが連絡帳です。子どもたちには、自分がすべきこと、次の日に持ってくる物などを書くという行為で記憶させる必要があります。

1年生に連絡帳を書かせるときは、全員一斉に書かせることが基本です。しっかりと鉛筆を持たせて、1学期のうちに文字の指導と同じ姿勢で書かせるのです。

2学期になると、はじめて自分のペースで書かせます。そして、面倒でも教師のチェックを入れて家庭に持たせます。

3学期になったら、今度は**係の子にチェックを任せます。また、よく書けていると思った連絡帳を教師がいくつか選んで発表したりします。**

私の場合は、「あなたは2学期の間、すばらしい連絡帳を毎日書きました。**3学期からは連絡帳名人として点検係を命じます！**」という賞状を渡しています。

そして、その日から「連絡帳名人」が、他の子どもたちの連絡帳を点検します。子どもたちは連絡帳名人のところに毎日、連絡帳を持っていきます。7日間の点検を経て合格すると、連絡帳名人から新たに「連絡帳名人」の認定を受けます。

私はその子に笑顔でその認定状を渡すのです。

ポストイット忘れ物ゼロ法

忘れ物には、「ポストイット忘れ物ゼロ法」がオススメです。

これは、ポストイット（付箋）を使った忘れ物防止策。以前、4年生のクラスを受けもったときに、子どもたちの忘れ物の多さに愕然としたことがありました。

低学年では親が積極的にチェックしてくれることもあり、それほど多くはなかったのですが、4年生にもなると子ども任せになってくるためか、忘れ物が頻発するのです。

対応策を講じる必要にかられて考案したのが、ポストイットを使うことでした。

1学期の末、私は**「今日から、連絡帳を止めます。このポストイットで忘れ物をゼロにします！」**と宣言しました。

具体的には、自腹で購入したポストイットを1日、一人一枚配ります。**子どもたちは、そこに名前と明日の日にちを書いて、持ってくるものを時間割に合わせて□を書いてメモします。あとは、ランドセルの裏側に貼って完了。**

忘れ物をする子には、連絡帳だけでは効果がありません。ランドセルから連絡帳を出して、確認しながら準備するということが面倒なのでしょう。彼らはきっと書いた記憶に任せて、時間割を揃えています。連絡帳を書かせる意義は確かにありますが、もう一度確認するという点においては難しいのです。

しかし、この「ポストイット忘れ物ゼロ法」は違います。ランドセルを開けた瞬間、その目にこのポストイットが飛び込んできます（ランドセルを開けない子は、さすがに無理ですが…）。

色のついたポストイットには、チェック項目が書かれています。子どもたちは項目毎の□にレ点を入れて、持ち物をランドセルに入れていきます。そして、**チェックを全部終えたら、そのポストイットをランドセルを閉めた上に貼らせます。**

翌朝。ランドセルの上のポストイットが目に入ると、そこでもう一度確認。そして、保護者にポストイットを渡し、冷蔵庫などわかりやすいところに貼っておいてもらいます。

「いいかい。もし、冷蔵庫に貼ってあるポストイットが10枚貯まったら、先生のところに持っておいで。ご褒美に『特別お守り』をつくってあげよう！」

10日後、何人かの子どもたちが10枚のポストイットを手に、私のところにやってきました。私は「さすが。先生の言ったことを覚えていてくれたんだね」と、その10枚を折り紙で包んでゴムを巻き、「あなたは忘れ物ゼロ博士です！」と書いて、お守りとしてランドセルにつけてあげました。

彼らは皆、嬉しそうに「特別お守り」をつけて下校していきました。その様子を見ていた他の子どもたち（このことを忘れていた子どもたち）は、「自分も！」と思ったのか後日、ポストイットを10枚集めて持ってきました。

「ポストイット忘れ物ゼロ法」の効果は抜群でした。**さすがにゼロにはなりませんでしたが、皆が気を付けるようになり、忘れ物が激減したのです。**

さて、この「ポストイット忘れ物ゼロ法」の効果を知った私は、1年生の担任になってからも取り入れることにしました。前述しましたが、1年生は親がチェックしてくれるので、それほど忘れ物が多いわけではありませんが、中には忘れてくる子もいます。

そこで、1学期の後半からポストイットを一枚ずつ渡していきます。**1年生の場合は、まだきちんと文字を書けないこともあるので、一番大きな正方形のものを渡すといい。**最初は、教師が書いてあげても構いません。

ポストイットは、他にもいろいろな場面で使えます。例えば、**机の隅に貼っておいて、その日の目標を書かせてチェックさせてもいい。**

「授業で一回は発言する」「人の話をしっかりと聞く」「クラス全員と話す」など、簡単な目標を書かせて、達成したらチェックさせていくのです。目標をすべて達成したら、ご褒美にお守りをあげると子どもたちはやる気を出して取り組んでくれます。

「貸してくれる」ことの意味を伝える

「先生、ハサミ貸してください」と、ある子がやってきました。

私が机の中のハサミを探していると、「ほら、僕のを貸してあげるよ」と別の子がハサミを差し出しました。

「ありがとう」

ハサミを借りた子と私が同時に礼を述べると、その子は嬉しそうに笑いました。

そんな些細な貸し借りの場面で、私はあることに感動しました。それは、ハサミを貸してあげた子が、刃の先を相手に向けないで渡している仕草です。

「この子はきっと家族の誰かに、ハサミの取り扱いを教えられたのだな」と思いました。

人は、生活の中でのマナーを対人関係で学んでいきます。ちょっとしたものの貸し借りでもそれがよく表れます。いかに、計算が速くできたって、漢字をたくさん知っていたって、**マナーを守れない人はその評価が下がるものです。**

子どもたちには、「ものを借りた後は必ず一言『ありがとうございました』とお礼を言うこと」、そして**「貸してくれたということは、自分のことを想ってくれたことなんだよ」**と伝えてあげましょう。

ちょっとした貸し借りが、人間関係を形成し、学級づくりの土台になっていくのです。

いいクラスは靴箱がきれい

入学式を終えて数日が経った朝。私はデジカメで撮った写真を、教室脇の小黒板に貼っておきます。**写真は、昨日、子どもたちが帰った後の靴箱の様子。**多くの子が、上履きを乱雑に入れています。

下校時、私は子どもたちを連れて昇降口に向かいます。そして、黙って他の学年の靴箱を見せて回ります。

教室に戻って、私は言います。

「先生は、靴箱をきれいに整理して靴を置いているクラスはいいクラスだと思っています」

私は子どもたちと別れるときは、教室で一人ひとりと握手をしています。この日も、同じように子どもたちと握手をします。

「いいかい。今日一日お世話になった上履きを揃えて入れるんだよ」

子どもたちは、私と握手した後、それは丁寧な仕草で上履きを入れていました。

ある子は、「上履きさん、ありがとう」とお礼を言っていました。私は、その子の様子をメモしておき、翌朝に全員の前で発表します。

「〇〇さんは、昨日一日お世話になった上履きさんに『ありがとう』と言っていたよ」

翌日の昇降口が「ありがとう」の声で包まれたことは言うまでもありません。

机の上は心の鏡、机の中も心の鏡

子どもたちを動かすときの魔法の言葉。

「机の上は…」と私が唱えると、「心の鏡！」と子どもたちが返します。

続けて、「机の中も…」と唱えると、「心の鏡!!」と彼らの声が教室中に響きます。

私はこうした「掛け合い」を、一つの約束事として唱えるようにしています。

「では、机の中のトレーを出してみましょう」

子どもたちは、黄色いトレーを机の上に出します。

私が「では、始めてください」と言うと、皆一斉に片付け始めます。クラスが落ち着いてくると、私が言う前から自主的に片付けるようになります。

私は一人の子に、「すばらしい。ＯＫ！」と合格を与えます。

「○○君は、今日の１番整理先生です」と大きな声で認定します。

整理先生と認定された子には、他の子の片付けをチェックしてもらいます。そして、その子から合格をもらった子も整理先生に認定されます。

後は、子どもたちだけで教室が動きます。整理先生が合格を与えることで、自分の行為に意味をもたせます。**人のことを見てあげることで、自分の活動が定着していくのです。**

ロッカーの中は位置に気をつけて

「机の上は、心の鏡」は、他のことでも活用できます。

例えば、「ロッカーの中は…」と私が唱えれば、子どもたちは立ち上がって自分のロッカーの整理に出向きます。

ロッカーの整理でポイントになるのは、**「どこに何を置くかという場所の指定」**です。格言を唱える前に、私はまず黒板に絵を描きます。ロッカー中の□の枠を描き、どこに何を置いたらいいかをみんなで話し合うのです。ここでは**教師側からの一方的な指示ではなく、必ず「理由をつけて、みんなで決める」ことが肝心**です。

「図工鞄は月曜に授業があるので、まず一番右側に置いてみよう。では、どうやって置く？」

私が尋ねると、「横に置いたら、取り出すのに不便です」「名前が見えるようにしたらいい」といった意見が挙がります。

「いい意見が出たね。では、右側に名前が見えるように立てて置いてみましょう！」

このように、一つひとつ置く場所にも理由をつけておくことが、学級の約束としてはとても大事です。クラスの約束に意義付けがあると、そのきまりが長くクラスに浸透していきます。そして、新しい格言ができます。

「ロッカーの中は、位置に気をつけて！」

ポケットには「ティッシュ・絆創膏・鼻血止め」

1年生の担任の必需品は、なんでしょうか。

私のポケットには、常に「ティッシュ・絆創膏・鼻血止め」が入っています。私にとって、これは「教師の三種の神器」です。

例えば、朝礼中、校長先生の話を聞いているときに、突然鼻血を出す子がいます。のぼせてしまったり、自分で鼻をこすってしまったりと理由は様々です。

このとき、ポケットにティッシュが入っていると役立ちます。狼狽する子どもに「慌ててはいけません」とティッシュで鼻を拭いてあげた後、鼻血止めとティッシュ数枚を渡します。

その後は、子ども自身にやらせます。なんでも教師がやることがよいとは限りません。

他には、グラウンドで転倒して膝を擦りむいた子には、絆創膏を渡して終わりです。

1年生の子どもたちには、自分の力でやらせることが学びにつながります。**一度経験した子は、友達が同じような状況になったとき、今度は自分が先生役として助けてあげることができるでしょう。**

そして、そんな子を見つけて褒めてあげることが、教師の次の役目となるのです。

トイレは意味と実地訓練が大切

1年生の指導で何より不可欠なのが、トイレ指導。私は、前述した「ケロちゃん」を持ち出しながら指導をしています。まずは、黒板に大きな楕円形を描きます。「なんだと思う?」と尋ねると、様々な意見が出ます。「グラウンドのトラック」や「大きな口」とか…。私がさらに絵を描き加えると、「ワァッ!」と歓声が上がります。そう、トイレの便器。それから私は子どもたちの表情を観察します。みんなニヤニヤ。ある子は鼻をつまんで「臭い、臭い」と手を振っておどけています。

ここで私は、少し真面目な顔になって話をします。まずは、排便の意味です。

「もしも、トイレができなかったら、みんなはどうなるのかな?」

おどけていた子も真面目な表情になって聞いています。

そして私は「学校でのトイレでは決してふざけてはいけない」「我慢しては健康に良くない」「しっかりと排便することが1年生だ」ということを伝えます。

その後、みんなをトイレに連れていき、実際に紙の使い方、水の流し方、みんなが使う場所なのできれいに使うことなどを話します。最後に、「休み時間になるべく行っておく」「どうしても我慢できないときは手を挙げてトイレに行く」ことを伝えます。**この順番で話していくと、子どもたちもトイレに行くことの大切さを理解してくれる**でしょう。

プリント配布はサンドイッチ方式で！

1年生の担任にとっては、「配布物を、いかに確かに各家庭に届けるかが大切」になります。

教室で子どもたちの机上に一枚一枚置いてあげることが確かな方法ではありますが、40名を相手に毎回そうするわけにはいきません。

私はプリントは、「サンドイッチ方式」で配布をしています。

様々な大きさの配布物を一度に配る場合を考えてみてください。

まず、Ｂ４の大きさのプリントを、列の一番前の机の上に枚数を数えて置いていきます。次に、**今度はＢ４ではなく、Ａ４やＢ５など、なるべく違う大きさのプリントを配るようにします。**こうした配慮だけで、子どもたちはきちんとプリントを配れるようになります。

どうしても、Ｂ４しかない場合はどうするのか。その場合は、**はじめに横に置いたのであれば、次は縦にして渡すといいでしょう。**向きが違うと、子どもたちは慎重に配るようになります。

ぜひ、実践してみてください。

お礼の小石

二回目の1年生担任のとき、今でも忘れられない思い出があります。

私は教職5年目になっていました。前回ははじめての1年生に、どうしたらいいのか戸惑ったものです。国語の教科書を開いた途端、この大きな文字と挿絵のページを何時間もかけて指導するのか…と正直思ったものです。

しかし、二回目になると多少は子どもたちの扱い、1学期にしなければいけないことなどがわかっているので「ゆとり」をもって子どもたちに向き合うことができました。指導方法も、こんなことをやってみようと「ケロちゃん話」もレパートリーが増えていきました。

ゆとりが出てくると同時に、今まで見えていなかったことも見え始めるのが教育の奥深さかもしれません。夢中で指導していた時代とは見方が変わったのか、教室の隅で元気のない子が見え始めました。逆に言えば、初回の1年生担任のときには見えていなかったのかもしれません。

私は、その子のことが気にかかってきました。毎日「おはよう！」と元気よく声をかけるのですが、その子は黙ったまま。なんの反応もありません。

休み時間は一人で本を読んでいることが多く、外遊びでもみんなの様子をうかがっています。授業中はどうかというと、手は挙がりませんが、自分の課題をしっかりと丁寧に着実にこなすといった具合でした。

担任にとっては、あまり手のかからない子でした。おそらく、前回夢中で指導した1年生の子の中にもこんな子がいたのでしょう。若いうちは、一生懸命やることだけに夢中で、自分のそんな落ち度には気付かないものです。うまく学級が運営されていると思っているけれど、実情は違っていることも多くあるでしょう。私はそんな気持ちになり、ますますその子との関係が重い気持ちになっていくのでした。

それでも、私は毎日必ずその子へ声をかけるようにしていきました。結局、1学期の間は、とうとう反応がありませんでした。今でも、あの夏の終わりの気持ちは忘れられません。

「また2学期、あの子に会うのだな…」

担任としては、子どもと会うことに重い気持ちになること自体、失格でしょう。しかし、正直、自分の指導の限界を感じた1学期だったのです。あらゆることを試してみたけれど成果がなく、2学期の扉を開けるときはとても落ち込んでいたのです。

2学期の授業が始まりました。

はじめての20分休みに、その事件は起こりました。

いつものように遊びの様子をウオッチングして子どもたちの夏の成長を観察していると、あの子が物陰から手で合図しているのに気付きました。「こっちに来て！」というその手招きは、私を興奮させました。

「なんだろう…」

私がおそるおそる近づくと、その子は私に「はい、お土産。ありがとう」と言って、私に小さな小石を渡してくれました。

それは、夏休みに家族で川に遊びに行ったときに見つけたものだそうです。そして、その小石をもらって以来、少しずつその子が変わっていきました。少しずつ私と会話できるようになり、友達付き合いも増えてきて、2学期、3学期と見違えるように学級の中に溶け込んでいったのです。

あの1学期はなんだったのだろうと、今でも思います。

子どもはあるとき突如として変わることもあるのです。教育は、一日、一回指導したからといってすぐに成果が現れるとは限りません。絶え間ない声かけ、見守り、励ましがいつか花開くのでしょう。

私はそのことを、彼から教わりました。

さて。この話には続きがあります。

1、2年と2年間私はその子の担任をしました。2年生の2学期には、学級委員にも選ばれ、運動会でもクラス対抗リレーの選手として活躍しました。

実は、あの1年の2学期に小石を渡されてから、その子と「先生あれある?」「ほら、持っているよ」と、二人だけの確認の会話がなされるようになりました。

私は、ポケットにいつも小石を持つことになるのですが、こちらとしてもせっかくのその子との絆を切ってしまっては大変です…。

そんな2年間が終わりました。

担任を離れて、その子は3年生に進級しました。私は、また新1年生の担任です。3月の末、資料を整理整頓して、毎日持ち歩いていた小石を机の中に仕舞い込みました。ちょっと感傷に浸り、あの1年生の1学期に毎日声をかけ続けた自分とその子を思い出しました。

あらゆる方法を駆使して、自分一人で悩んでいたあの日…。その小石を見るたびに、胸が少し痛みます。他人から見れば大したことではないかもしれません。他にも大切なことがあるだろうと言われるかもしれません。でも、そんな些細なことが担任の悩みでもあるのです。自分の指導、力に限界を感じて「やはり自分には無理だ。教える力なんかないのだ」と落ち込んでいました。

若い私は、自分ですべて子どもを変えてみせるという傲慢な気持ちに気付かずにいたのです。謙虚さを忘れて、子ども自身の力を信じていなかったのです。

新たな年度が始まり、その子は3階の教室へ、私はまた2階の1年生の教室の日々が始まりました。

休み時間になったときのことです。階段からその子が降りてきました。体が一回り大きくなり、数人の友達と外遊びにいくのでしょう。

「おお！　元気かい？」と私が声をかけると、「先生、あれある？」とその子。慌てた私は、偶然持っていたその小石をポケットから取り出して「ほら、あるよ！」と見せました。

その子は、「先生はやっぱりすごいね！　じゃあ！」

その子は元気よくグラウンドへ行ってしまいました。

それ以来私は、その子といつ会うか気になり出して、いつも持ち歩くことになりました。ジャージに着替えたときも、いつその子に会うかわかりません。

少し面倒なこの小石を、私はその子が卒業するまで持ち続きました。二人だけの秘密の小石は、今は私の机の中にあります。

その子は今はもう結婚をしているでしょうか。子どもが生まれて大きくなっているでしょうか。時々、机の整頓をする度にその小石を取り出してみては思い出します。

その小石は、私の宝物になりました。

第４章

子どもが動く
学習指導のコツ

教師の立ち位置で力量がわかる

教師は立ち位置でその力量がわかります。

コンサートでの歌手の動き、落語での視線、うまい教師の立ち位置、これをよく観察することをオススメします。

教室では、子どもたちにとって教師はある意味特別な存在です。常に判断を仰がなくてはいけない1年生にとっては、教師の居場所を知っているかどうかは非常に重要になってきます。

休み時間にしても、**先生がいつもどこにいるのかを知らせておく**ことが子どもの安心感につながります。これは信頼感への土台ともいえます。

私は、新任の先生の参観に行ったときは、必ずその先生の動きに注目します。話し方、教科指導などは、まだまだ未熟であることは当然です。

そんなことよりも「教師がどのような立ち位置で話をしているか」「どこでどんな指示を出しているか」が、ポイントだと思っています。

音読一斉読みをするときは、全員の教科書が確認できる後ろに立つ。板書を書いてノートをとらせる時間には、自分の板書を確認するために後ろに回る…。

そういった配慮だけでも、子どもたちの動きは全然変わってくるのです。

授業カルテで子どもの指名を振り返る

前述の教師の立ち位置と同時にもう一つ大切なのは、指名の仕方です。**「指名をするときは、多くの子とその指名の子の間に挟まるように位置を変える」**など、教師の基本位置は大切です。

新人時代に私がやっていたことは**「授業カルテ」の活用**です。これは、座席表と授業案が一枚の紙に印刷されたもので、１時間の授業に一枚このカルテを手元に置いて授業をします。そして、指名をした子には〇印をつけていきます。一週間の最後には、このカルテを見て振り返ります。

すると、**一週間に一回も指名していない子が数多くいることに気付きます。**愕然とした私は、その日からあえて指名をしていない子に声をかけて指名をするようにしました。

これだけでも、教室の雰囲気ががらりと変わりました。普段あまり喋らない子が授業中に意見を述べるようになると、子どもたちの聴く姿勢に変化が表れたのです。

みんなも興味津々でその子の意見を聞いてくれます。そんなちょっとした緊張感のある空気の中、その子は辿々しくも最後まで話します。

私は、そのはじめて意見を言えた子のそばに近寄って頭を撫でて握手します。他の子どもたちは拍手。クラスがまた一つ成長したことを実感した瞬間でした。

授業は準備がすべて

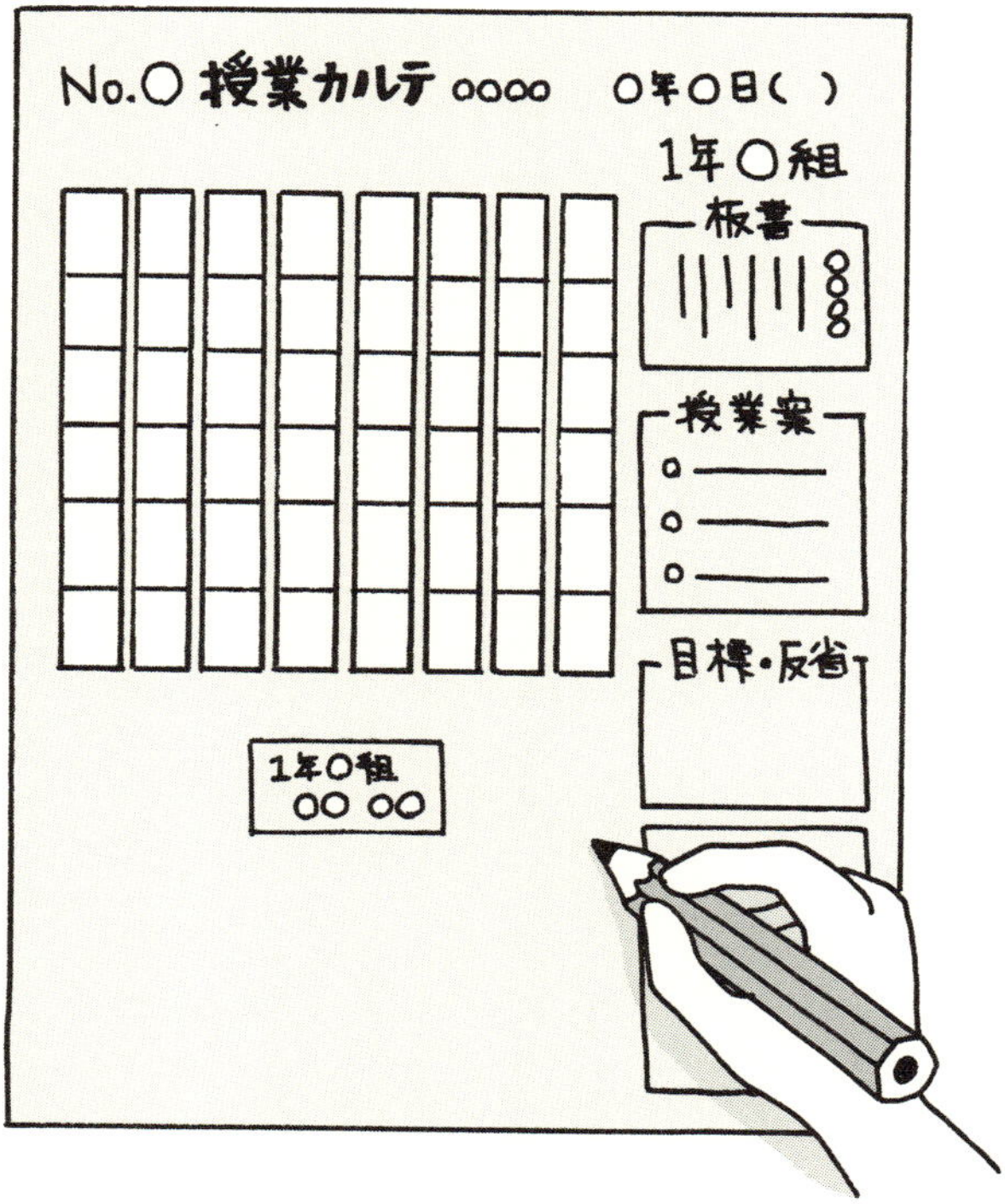

私は、中学時代から将棋のプロ棋士を目指してきました。

プロになるためには、プロ棋士に弟子入りして、奨励会というプロになるための研修機関に受験して合格しなければいけません。私は、剣持松二九段に弟子入りしたのですが、将棋界では、師匠から手取り足取り指導してもらうわけではありません。師匠の将棋教室の手伝いをしながら、プロの手を見て学ぶ日々でした。

さて、奨励会受験を控えたある日、師匠の自宅に呼ばれていくつかの古棋書を頂きました。その棋譜を並べて自分で勉強しなさいという無言のメッセージでした。

受験に備えて日々将棋盤でその棋譜を並べる。その指し手の意味を自分で理解しながら並べる。次々と棋譜を手に取り、時間を忘れて将棋盤に駒を打ち付けて考えることで、指にその良い手を覚えさせるのです。まさに自学自問の日々が将棋の勉強法の王道です…。

授業も同じです。まずは、明日の授業のために自分が何をすべきかと考えます。そのために、前述した「授業カルテ」を作成することをオススメします。翌日の1時間目の授業を想像しながら、「明日はこんな話をしよう」「昨日指導したことを見て褒めよう」「まずは○○君に声をかけよう」と、将棋でいう「読みの作業」を行います。**「一日一日自分ができることを、一つひとつこなしていくこと」**が、授業をよくしていくコツです。

子どもを引き込む発問と板書のコツ

授業では、**子どもたちを「どう揺さぶるか」**がポイントになってきます。

そのため大事になってくるのは、やはり発問です。発問の仕方一つで、授業の展開がうまくいったり失敗したりします。

若いときの私は、クイズ番組の司会のような発問をしていました。

「これがわかる人？」という決まり切った発問をして、一番早くに手を挙げた子に「はい、○○君！」と指名していたのです。

これは一見すると、授業がスムーズに進んでいるように感じます。しかし、実際にはできる子だけで進める「冷たい」授業です。教師と一部の子どもたちだけが参加し、他の子どもたちを無視している授業です。

こういった授業にしないためには、発問のレパートリーを増やさなければいけません。

例えば、**発問の中に自分の感想を入れてみます。**

「先生は、こう思うのですが、みんなはどう思いますか？」

自分の思い、感想を入れてみると、子どもたちには教師の意見に「賛同するかどうか」という選択が設けられ、答えやすくなります。

あるいは、**わざと間違った意見を取り上げてみる方法**もあります。

「先生は、廊下を走った方がいいと思うのだけど、みんなはどう思う？」

すると、子どもたちは皆、口を尖らせて否定してきます。

「先生、それは違います！」

「走ると、転んだときに怪我をします」

「先生、そんなこともわからないの？」

こっちが叱られるくらいの意見が出ると、クラスは活気づきます。

「確かに、みんなの言うとおり。先生が間違っていました。ごめんなさい。さすが、1年○組だね！」

全員が参加できる空気、間違ってもいいという温かな空気。発問一つで、教室の空気は全然変わってきます。


もう一つ、授業で大切にしたいのが「板書」です。板書は、授業の足跡ですから、授業後に見直したときにその格子がわからなければいけません。

1年生の板書のコツは、3つあります。**「大きく書く」「ゆっくりと書く」「視線を集めて書く」**です。

新任時代の私は、とにかくきれいに書いてあるのがいい板書であると誤解していました。きれいな文字で色を使って見やすい板書、これが理想だと思っていました。

しかし、子どもから見たら、そのことはあまり重要ではありません。きれいな板書は、教師のただの自己満足に過ぎません。

大切なのは、**「板書よりも授業そのものが心に残ること」**です。

確かに、きれいに板書して、子どもに丁寧に写させる授業にも意義はあります。「東大生のノートはきれいだ」といった本もあるくらいですし、私も汚いノートよりも誰から見てもきれいなノートがいいと思います。

しかし、きれいなノートだけではだめなのです。

言い換えるならば、きれいではなく、「丁寧なノート」ではなくてはいけません。そして、そのためには板書も**「きれいよりも丁寧に」**を心がけなければいけないと思っています。

「ひらがなの歌」で授業開き

１年生の授業開き。教師も子どももドキドキワクワクの瞬間です。

私は授業開きでは、**「ひらがなメソッド」**を行います。これは何かというと、辻歌子さんの『ひらがなの歌』（『子どもの字を上手にする本 硬筆』に掲載、学陽書房）を唱えながら、ひらがなの書き方をわかりやすく伝える独自のメソッドです。

「君たちには、しっかりとひらがなを書ける子になってほしい。なぜなら、ひらがなは漢字よりも難しいものだからです」

ひらがなメソッドを披露する前、私は子どもたちにそう言います。

「漢字のほとんどは部品の集まり。これは国語の漢字の語源の指導で教えますが、ひらがなは、漢字からできたもので、ほとんどが曲線の集まりだからです」

そして、「あ、い、う、え、お」と大きく黒板に書き、『ひらがなの歌』を唱えます。私は**歌を暗唱しながら、50音をそれぞれ宙に鏡文字で何度も書いて見せます。**子どもたちにも歌に合わせて、空描きさせます。

子どもたちは最初は私の動きに「おぉ！」と驚きますが、次第に一緒になって楽しみながら空描きしてくれるようになります。

鉛筆の意味を語る

さて、「ひらがなメソッド」で子どもたちがノリノリで歌を唱えるようになると、私はある子の筆箱を持ち上げ、中から鉛筆を一本取り出します。

その鉛筆を眺めながら「さすが、○○君！　しっかりと削ってあるね」と褒め、話を始めます。

「先生はね、鉛筆を見ると思い出すことがあるんだ。昔、鉛筆は一本一本、大人がナイフで削ってくれていたんだよ。その鉛筆の削り木がいろりの中に入ったら、ボッと炭が明るくなるんだ。それが青白い炎でね。とってもきれいだったんだ…」

「いろり」や「炭」など、聞き慣れない言葉に子どもたちは興味をもって耳を傾けてくれます。私は、「鉛筆が六角形になっているのは、日本人が始めたんだよ」「ちょうどこの木の重さがいいんだ」など、鉛筆にまつわる話をした後、持っている鉛筆を掌にのせ、それから鉛筆の持ち方を見せてあげます。そして、言います。

「みんな。筆箱から鉛筆を出してごらん」

ここではじめて、子どもたちに鉛筆を持たせます。彼らに十分に鉛筆への関心をひきつけてから持たせる。そうすると、鉛筆の大切さが伝わります。

消しゴム指導が書き方の土台！

ところで、子どもたちに鉛筆の持ち方を教えた後にもう一つ指導することがあります。

それは、消しゴムの使い方。

どの教科書にも掲載されていませんが、私は**子どもたちには書き方よりもまず消し方を指導した方が効果的**だと思っています。

まず、子どもたちには配布した紙にひらがなで名前を書いてもらいます。時間は1分。できるだけたくさん書くように伝えます。

私が号令をかけると、皆一斉に書き始めます。1分後、「やめ！ 鉛筆を置いてください。では、何文字書けたか数えてみましょう」と文字数を数えさせます。

1文字につき1点と、ゲーム感覚で進めると彼らも楽しそうに数えます。ある子は、「60点だ！」と声を上げます。

皆が数え終わって発表してもらうと、106点の子がいました。

「すごいね。さすが、○○君！」と皆で拍手。

しかし、本番はここからです。私は言います。

「では、今みんなに書いてもらった名前。一つだけを残して、後は全部消してください！時間は30秒です。では、始め！」

「え？」と戸惑いながらも、子どもたちはすぐに消しゴムを取り出して、文字を消していきます。書いたときは1分、消すときは30秒。これもポイントです。

私は机間指導しながら、106点を取った子どもと、あまり点数が取れなかった子どもの様子を伺います。

30秒後。消しゴムを持つ手を止めさせ、皆に感想を聞きます。なんとか消し終わった子、全部消してしまった子、うまく消せずに紙を破ってしまった子…。いろいろな声が上がってきます。

私が106点の子にも聞くと、彼は「紙が破れてしまいました」と苦笑い。私は頷いて、今度は点数が取れなかった子の席に近寄り、紙を掲げます。

「皆さん、見てください。これは△△さんの消した紙です。どうですか。きれいに消してありますね」

まわりの子が「本当だ。紙がきれいだ」と呟きます。

「そうです。消しゴムで消すときは、消しゴムを持っていない、反対の手で紙を押さえないと、きれいに消すことができません。実は、書くときも同じ。書くときに大事なことは、鉛筆の反対の方の手でしっかりと紙を押さえることなのです」

そう。その子は自分の名前を書くときもしっかりと紙を押さえながら、丁寧に文字を書いていたのです。

消しゴムの使い方を学んだ子どもたち。次に鉛筆をもつときは、気持ちが変わっています。鉛筆を持っていない方の手に意識が移っているのです。しっかりと押さえないとうまく消せないという体験が、書くときにいきてくるわけです。

「では、今度が本当の本番です！　しっかりと紙を押さえて、自分の氏名を丁寧に書いてみましょう。始め！」

子どもたちは姿勢を正して鉛筆を持ち、しっかりと紙を押さえて書き始めます。不思議なもので、しっかりと紙を押さえることで、書く方の手に入っていた力が抜けていきます。最初に書かせたときは、ボキボキと芯を折っていた子も今度は何事もなく書くことができていました。

皆が書き終わったのを確認して、私は言います。

「皆さん。消しゴムで消した後に残っていた名前と今書いた名前を見比べてごらん」

クラス中に、「あっ！」と歓声が起こります。しっかりと筆圧のある文字で書かれた自分の氏名に進歩の跡がありました。

ノート指導は「ケロちゃんシール」で

文字の書き方を指導すると、ノートの書き方が変わってきます。子どもたちは、自分の書く字に自信をもつので、ノートもしっかりと書くようになるのです。しかも、そのノートを見るのは子どもたち自身。自分の字を見て、さらに自信を深めていきます。

私はノートで大切なことは、**きれいではなく丁寧だ**と思っています。もちろん、汚いよりもきれいに越したことはありませんが、きれいだけでは心に残りません。自分が何を書いているのか、きちんと意識しながら丁寧に書く。このことを子どもたちに伝えています。

さて、子どもたちがノートを使えるようになったら、次はそのノートを評価していきます。具体的には、**よく書けたことを褒めるシールを貼っていきます。**

私の場合は、前述したケロちゃんの写真と5段階評価を星の数で表したシールを貼っています。子どもたちはケロちゃんシールを貼られると、大騒ぎします。

「僕は星が三つだ！」「僕は二つ！」

そして、星五つの子には、多くの子が集まります。こうすることで、どんなノートがいいのかを間接的に伝えることができます。また、このとき星五つの子を、他の子が「すごいね」「よく頑張ったね」と褒めていたら、私はその子にも星五つのシールをあげます。

ノートが書けている子だけでなく、褒めた子にもシールをあげることがコツです。

音読指導　三つのコツ

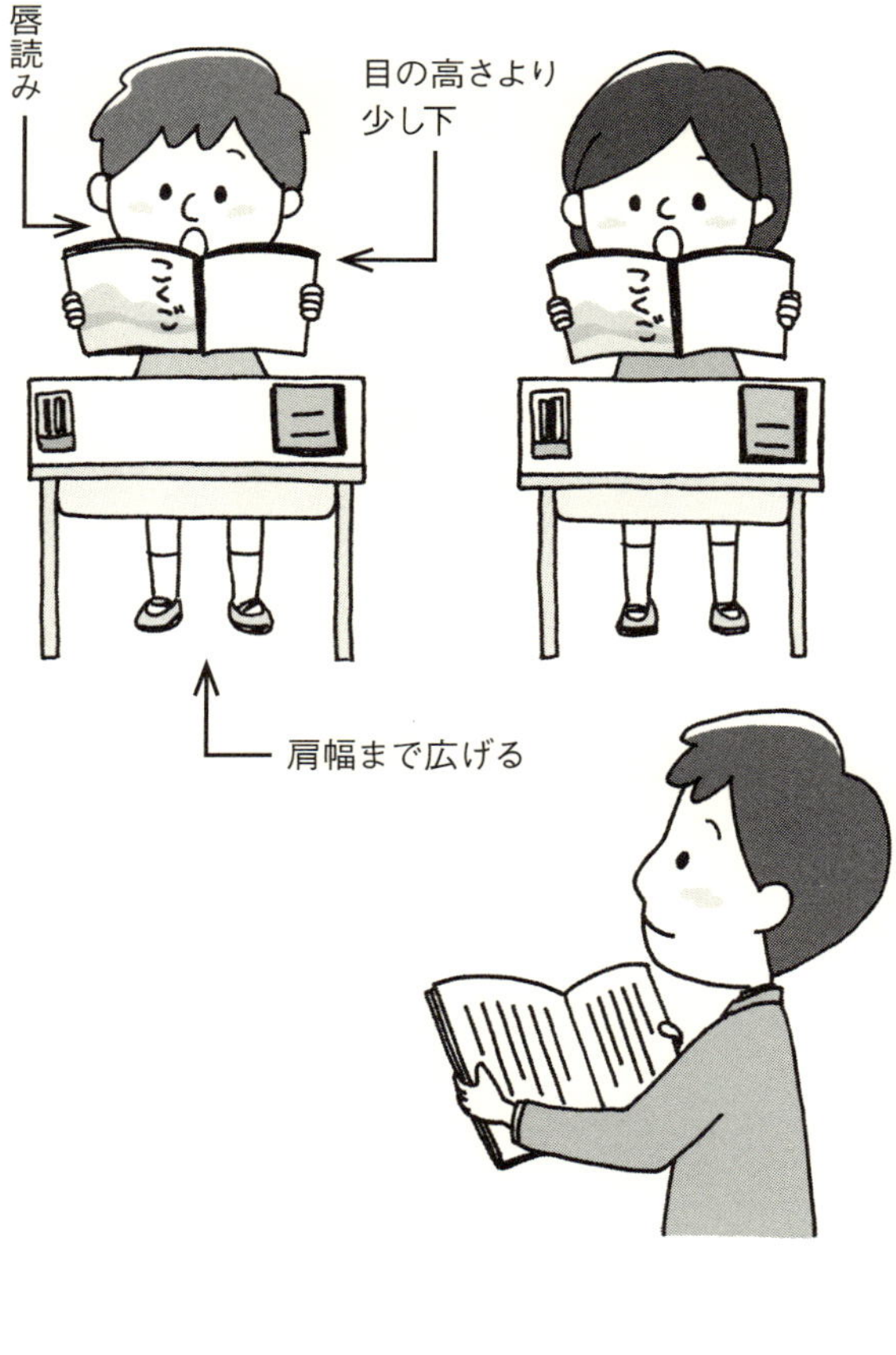

「聞く、書く、考える」

１年生の子どもたちに育みたい三つの要素。これが授業を考える上での基本となります。そして、これらを支えるのが「声を出す」ことです。

声を出すには、やはり音読の指導が重要になってきます。

音読指導のポイントは、三つあります。**まず、姿勢（手＝本の持ち方）。次に、聴く（耳）。そして、黙読（口＝唇読み）です。**

私は、子どもたちにはまず起立させた姿勢で音読させます。以前、本校の聖歌隊の練習を見たときに、子どもたちの姿勢がすばらしかったことが印象的でした。指導する先生を見る目、背筋を伸ばした立ち姿は凛としており、とても美しかったのです。

私はこれを音読に取り入れたいと思い、子どもたちには視線と姿勢を意識するように声をかけました。立つときの姿勢は、両足は肩幅まで広げ、しっかりと体を支えるように意識させます。そして、教科書を目の高さよりも少しだけ下げて持たせます。

それから、教師の範読を聴かせ、唇だけで読ませます。**声をはっきり出すためには、まずは声を出さない方が効果的です。**唇だけを動かすことで、実際に声を出すときに意識が向かうからです。

読書の土台は「想像」と「読み聞かせ」

低学年では、読書の土台を築くことが必要です。ケロちゃん話は、その一環です。子どもたちとともにつくる創作童話のよいところは、**彼らの頭の中にスクリーンをもたせられる**ことです。

私の話を聞いて、その情景を頭の中で映像にしていく。これは、国語力を育成する上での基本です。

現代社会は、テレビやインターネットなどで映像が氾濫しています。無数の情報やヴァーチャルな社会は、子どもたちの生活にも確実に浸透してきました。だからこそ、子どもたちには、想像する力を育てていかなければいけません。

ケロちゃん話は、私と人形、そして子どもたちだけで繰り広げられる、きわめてアナログな世界です。話の展開が決まっていないので、**私が持ち出した話題でも、いつの間にか子どもが創り上げた世界へと移っていきます。**その広がりは、無限です。そして、その広がりが、子どもたちの創造力を掻き立て、育てていきます。

実際、「ケロちゃんは海に行った」という話をした翌日、ある子が「そう言えば、ケロちゃんは山にも行ったんだよね」と言い出しました。

「そうなんだ。では、今日はその話から始めようか」

私が答えると、子どもたちは皆拍手。私が端緒となる話をすると、後は子どもたちが山でのストーリーを膨らませてくれました。

読書の土台を築く上で、もう一つ効果的な方法が**読み聞かせ**です。

これは、家庭環境が大きく関係してきますが、幼少期に絵本の読み聞かせをしてもらった子は、絵本がやがて本へと変わり、自分で読み出すようになります。

もちろん、1年生のクラスでも読み聞かせは必須です。ちょっと空いた時間があれば、絵本を読んであげるといい。

子どもたちが既に知っている絵本でも、教師が読み聞かせをすれば、彼らは次第にその本の世界へと没入していきます。

読み聞かせのポイントとしては、子どもの表情を見ながら、ゆっくりと情感を込めて読むこと。そして、時折、子どもたちに問いかけます。

「彼らは、この後どうなったと思う？」

「ごめんねって謝った！」

「仲直りした！」

会話のキャッチボールがさらに本の世界に深みをもたせ、子どもたちの想像力を膨らませていきます。

この積み重ねが、高学年になって文字だけでの本を読んだときにいきてきます。自分が思ったこと、感じたことをきちんと表現することができるようになっているのです。

本を読んであげた後は、感想を聞きます。

「はじめて聞いたので、おもしろかった」と言う子もいれば、「先生が読んでくれた本、僕が思っていたのと少し違うかも」と言う子もいます。本の印象が変わっているのは、はじめて読んでもらった当時の自分と、今の自分が変わっているからでしょう。成長した分だけ、とらえる意義が変わってきているのです。

ですから、教師はできるだけ時間を見つけて、子どもたちに本を読んであげるといいでしょう。

意味や概念を教えることの大切さ

1年生を相手に授業をしていると、**よく言われるのが「それ知ってるよ」という言葉。**算数で「1，2，3」と数を教えると、「先生、僕、知ってるよ！」と声が上がります。しかし、子どもたちは「1」という言葉を知っているかもしれませんが、その意味までは理解していないことが多い。

ですから、授業では**その意味や概念をきっちりと教えること**が大切になります。1年生の算数の授業では、どうしてもたし算やひき算に重点を置きがちですが、私はそうではなく、まずは「1という概念」を教えていくことを重視しています。

1について言えば、「1つ」「1個」「1円」「1人」など、単位によって概念が変わってきます。これは、算数だけでなく、日本語の難しさを知ってもらう意味でも重要なことです。子どもたちと議論しながら、1について考える。

「1万円と1円では、だいぶ違うな」

「1の後の言葉が大事じゃないの？」

そして、ここから「1対1対応」について考えていきます。

子どもたちの「知っているよ」に惑わされずに、一つひとつの意味や概念を押さえること。このことを私は1年生の授業で心がけています。

テストと宿題を行う意味を理解させる

「先生、今日は宿題ありますか?」

1年生の子どもたちは、宿題があることを楽しみにしている節があります。毎日宿題をこなすということが、お兄さん・お姉さんになった気持ちにさせるからでしょうか。ちょっぴり、自慢げだったりします。

そこで、私は彼らに尋ねます。

「みんな、なぜ宿題があると思う?」

「…う〜ん」

子どもたちは、宿題の意味を理解していないので、当然答えられません。

「宿題はね、家でやるからいいんだよ」と私は言います。

漢字の指導で例に挙げると、まずは授業で漢字の読み、書き順、語源、部首などを教えます。子どもたちは、習った漢字をノートに書いていきます。

「いいかい。漢字を書くときは、姿勢を正して書くんだよ」

私のクラスでは、文字を書くときの姿勢を指導しています。

「一.足を揃える。二.背中をピン! 三.紙を押さえる」

皆で唱えながら、新出漢字をノートに書きます。何度か漢字を書いたら、後は宿題となります。

数時間後、自宅に戻った子どもたちは、漢字の宿題に取りかかります。机に向かってノートを開いてから、授業のことを思い出す。「姿勢を正しく。一、足を揃えて…」と呟きながら、漢字を書いていきます。**この思い出す作業が、記憶の定着につながります。**これが宿題の効果です。

このことを、私はわかりやすく子どもたちに伝えます。

「なぜ、宿題があるのか」「家に帰ってもう一度やることの大切さ」…。

これは、宿題だけでなく、テストにおいても同じです。

「なぜ、テストをするのでしょうか」

子どもたちは、「100点を取ってお母さんに褒めてもらうためです」とか「ゲームを買ってもらうためです」など、自分なりの解釈で答えてくれます。多くは、的外れな答えばかりです（笑）

私は子どもたちには、**「テストは自分のために行う」「自分がどれくらいわかったかを確認する」「間違えたところを直す」**ためと言っています。

そうやってテストの意味を伝えてから、「人の答案用紙を見てはいけない」「自分の答案用紙だけを見て、周囲をうかがわない」「答えがわかっても声に出さない」といったテスト上の注意を教えます。

ところで、テストが終わると、決まってすぐに「先生、僕は何点でしたか？」と聞きに来る子がいます。まだ採点もしていない私は「もうちょっと待っててね」と返事します。

「テストは新鮮な魚。新鮮なうちに処理せよ」

これは私が考えた、テストについての格言です。テストは、できるだけ早く採点し、子どもに返すようにします。

子どもたちは「90点だ！」などと言いながら、席に戻ります。しかし、テストはこれで終わったわけではありません。

この後は、皆で間違い直し。間違えた箇所は消さずに、その横に赤鉛筆で正答を書かせて、再提出させます。漢字の直しなどであれば、三回書いて提出させます。

私はその日のうちに訂正箇所にハンコを押します。そして、その横に点数を大きく書きます。

「１００点！」と。

クラスをまとめる「折り紙将棋」

1年生のクラスでは、折り紙を使った授業や遊びが効果的です。典型的なのが、前述した「スッペースシャトル」。簡単につくれて、とてもよく飛び、しかもかっこいい（？）ので、子どもたちには大人気です。

他には、**折り紙将棋**なども人気があります。これは、折り紙で将棋の駒をつくって遊ぶというものです。折り紙を四つ折りにして、形を意識してハサミを入れると4枚の駒ができます。将棋の駒は40枚。つまり、10枚の折り紙でつくれます。

切り出した駒には、「王将」「金将」「飛車」…と、皆で分担して文字を書いていきます。余裕があれば、大きさを変えたり、色を変えてもいいでしょう。また、王将、金将の裏以外は成ると動き方が変わるので、裏に成り駒を記入します。

最後に、画用紙に定規を使って81マスを書き、将棋盤をつくって準備万端。いよいよ対局開始です。

対局は、二人だけでなく皆で観戦します。**将棋を知らなくても、自分がつくった駒がどう動くのかは興味がある**でしょう。観戦しているうちに自然と駒の動きを理解し、「自分もやりたい！」と思うようになります。

そして、気付いたときには、もう一組の折り紙将棋をつくり始めているのです。

格言のススメ

教師になった年。私は教師を辞めようと思ったことがありました。指導をしていてもうまくいかず、いつも怒鳴ってばかり。いつの間にか子どもたちから笑顔が消え、私から離れていくのを感じ、どうしたらよいのかわからなくなってしまったのです。

それでも、もう少し頑張ってみようと思い、改めて自身の行動を振り返ってみると、いくつかのことがわかりました。例えば、私の話をほとんど聞かなかった子どもたちが、たまに聞いてくれる話があったこと。十回に一回あるかどうかの割合でしたが、そのときの話は確かに子どもを引きつけることができていました。

私はそういったことを思い返し、ノートにメモしていきました。さらに、当時数万円もしたボイスレコーダー（当時はマイクロカセットテープレコーダー）を思い切って購入して、自分の指導で気になったこと、思ったことを吹き込んでいきました。

録音された内容は、夜に聞き直し、短い言葉にしたためることを日課としました。すると、自分でも思ってもみなかった行動や、子どもの本当の姿が少しずつ見えてきました。何より、自分の教育観を振り返ることができました。

したためる言葉は、至極当たり前のことです。「挨拶は全員にしよう」とか「板書は丁寧に書こう」など。しかし、当たり前のことを書き出すことが大事だと思いました。毎日書いているとその数は膨大になります。そして、その中から自分でもおもしろいなと思うことが一つか二つ出てきます。私は、それを磨いて格言にしました。

私がはじめてつくった格言は、前述した「テストは新鮮な魚。新鮮なうちに処理せよ」です。自分の机の上に、テストがどんどん溜まり、子どもたちから結果を催促されたときに思いついた言葉です。

ほとんどの格言は、子どもから教わったことです。「世界一のクラス」も「黙食」も子どもたちから学びました。

自身を振り返り、思ったことを言葉に変えていく。はじめは石ころでも、それを磨いて宝石にする。教育とは、そういうものだと思います。

ですから、皆さんも「自分の格言」をつくることをオススメします。

2年生になるための準備を

3学期――。

お正月を終えて子どもたちが登校してきます。この頃になると、4月の幼さがすっかり抜けて、皆もう立派な小学生の顔になっています。私は、一人ひとりに声をかけて迎えてあげます。

「クリスマスプレゼントは、もらったかい？」

「お正月は、どこかに行ったのかい？」

「お年玉は、もらったかい？」

すると今度は、みんな喧々諤々の大騒ぎ。元気な子どもたちとの生活がまた始まります。

騒ぎが収まると、準備をして学校生活がスタートします。

何気なく教室を見回していたある子が「あ！」と声を上げました。

「先生、あれは何？」

その子が指さした先は、入り口付近に設置されているサイド黒板。そこには、**「1年○組、卒業まで残り○日！」**と書かれています。

私は笑顔で返します。そして、皆が揃ったのを見て、その意味を話します。

3学期というのは、子どもたちが思っている以上にすぐに終わってしまいます。1月は

「行ってしまう」、2月は「逃げてしまう」、3月は「あっという間に、去ってしまう」と言うほど。ですから、3学期開始から、そのことを子どもたちと共有しておこうというわけです。

3学期では、**1年の土台づくりがしっかりできているかどうかを確認しなければいけません。**まずは、登校初日、各々が自分の荷物をしっかりと準備できたことを褒めます。ランドセルをしっかりと机の脇に掛けたこと、ロッカーに体育館履きの袋を入れたこと、図工鞄を名前が見えるように立てて置いたこと、机の中に今日使う教科書とノートを整えて置けたこと、校内着に着替えたこと、そして着替えたワイシャツと黒靴下をしっかりと揃えてショルダーに入れたこと……。

一つひとつの作業を取り上げて、それができていれば、一人ひとり褒めてあげます。もし、できていない子がいても構いません。そのときは、「しまった。今やろう！」と直せばいいだけです。そして、きちんと直した子は、もちろん褒めてあげます。

こうして、1学期のときに指導したことが指示されなくてもできるようになったということを確認していきます。これが、2年生になるための準備です。

そして、もう一つ、忘れてはいけないことは、**教師が手を抜くこと**。３学期では、これまで細かく指示していたことを止めて、できた現状を褒めてあげます。子どもたちを見守りながらも、徐々に手を抜いていくのです。

１年生の指導が終わると、子どもたちは２年生になります。自分が担任ではなくなるかもしれないことを忘れてはいけません。そういう意味では、親離れではないですが、教師離れをしなければいけません。そのために、教師は、少しずつ手を離していきます。

子どもたちが、巣立つために、見守ることが必要なのです。

お別れの将棋駒

1年生とのお別れの日。私は、**将棋の駒を一人に1個あげることにしています。**暁星小学校では、1クラス40人なので、ちょうど将棋の駒の数と同じです。

帰りの会で最後の話をした後、私は教室のドアの前で将棋駒の箱を持って立ちます。「世界一のクラスにしよう！」と、目標を立てた教室ともお別れです。

端の席の子から順に、まずは友達一人ひとりに握手をして教室を1周します。何人かの子は、もう涙ぐんでいます。この教室ともお別れです。教卓の上には、皆が大好きなケロちゃん人形が置いてあります。友達と握手をした後、ケロちゃんとも握手をします。

そして、最後に私との挨拶。私は駒を一つ取り出して渡します。

「これは、お別れの将棋の駒です。大事にしてください。新しい学年になったとき、将来何かつらいことがあったときにこの駒を見つめてください。先生はいつも見守っていますからね」

子どもは、その駒を大事そうに握りしめ、もう一方の手で私と握手をします。「ありがとうございました」と、お礼を言うその目には涙。私は涙をこらえて、しっかりと子どもの手を包みます。

こうして、1年生の指導を終えます。最後は、**握手とともにクラスを閉じる**のです。

おわりに　——明日、一日だけ頑張る——

私は、中学生のとき、将棋のプロ棋士である剣持松二九段の初弟子になりました。

それまでは、本気で「自分はプロ野球選手になるんだ！」と小学2年生から専属チームに入って練習に明け暮れていました。父親は、アマチュア野球の主審をやっていました。休日は親子揃って野球の日々でした。

ある夏の大会の優勝決定戦、最終試合の主審を務める予定だったのは父親でした。しかし、先発が私だったので、急遽父親は、塁審に変わりました。

試合展開は、4点リードして迎えた5回のピンチで私は相手に長打を打たれました。ランナーがたまり、ベンチからの伝令がマウンドに来ます。この大会は、中学生と小学生の連合チームでの構成でしたので、小6の私は相手の中学の主砲と次に対峙します。

ピンチにみんながマウンドに集まり私に激励をしてくれます。そして、内野が各ポジションに戻ります。私はマウンドでボールを受け取りました。

マウンドのプレートを刷毛で整えていたのは、塁審の父でした。試合球を渡して、確かに小さな声が聞こえたような気がしました。

「…しっかり投げなさい」

息子に対しての精一杯のメッセージであったように今でも思っています。

私は、塁を埋めたランナーを忘れて、「とにかく全力投球で次の打者に向かおう！」と気持ちを入れ替えました。私は思いっきり、ど真ん中目指して投げました。

「待っていました」と、相手の打者は、バットを振り抜きました。ボールは、高くセンター方向に向かって飛んでいきました。

「バチッ」と打球が、グラブに収まったあの出来事はなぜか今でも思い出します。

ピンチを乗り切り、最終回の2アウト、あと一人で試合終了です。夢中で投げた打球は、ちょうど自分の真上に上がりました。普通は野手に任せるのが常道ですが、私は無意識に自分で「オッケー！」と言って手を上げました。

ボールをポケットキャッチした瞬間のあの思いは、今でも鮮明に覚えています。皆が駆け寄り抱き合ったあの優勝の瞬間…。

その夏の大会から1年半後の3月、中学の野球部練習中に私は右上腕投球骨折をしてしまいます。

完全に腕が折れて曲がり、1ヶ月の入院生活を送ることになりました。今から思えば、基礎的な体力をつけずに投げ続けた腕が悲鳴を上げたのでしょう。

自分の中での挫折とは大げさですが、将来の夢が砕け散りました。

入院初日に、そのショックもあったのでしょう。腕を固定された器具のベッドの上で夜中大暴れをしたとのこと。お陰で、翌日からは大きな国立病院へ転院させられてしまいます。もしその入院がなかったのなら…と思うと、それぞれの出来事には意味があるのだと思います。

国立病院の病棟の先生は、野球での骨折ぐらいで落ち込んでいる私を笑顔で診てくれました。手術をせずに鉛入りの圧縮ギブスをつけて上半身を上げて寝るだけの1ヶ月。様々な入院患者を嫌でも見ることになります。

若い私にとっては、衝撃の連続でした。笑顔で挨拶して励ましてくれたあのおじさん。次の日には、そのベッドが片付けられていました。また、救急で運ばれた人の心臓の電子音が鳴っている夜。家族の方のすすり泣きの声…。自分はなんと甘えた気持ちで生活をしてきたのかと、本当に今までの生活を反省させられた入院でした。

今でも、私の書斎には、あの夏に勝ち取った思い出の小さなトロフィーが飾ってあります。

あのときの気持ち、その後の挫折、そして将棋との出会い…。自分の気持ちをもう一度リセットさせてくれて、謙虚さを思い起こしてくれるものになっています。

教師になってからも、苦しいとき、もう辞めようと思ったときに、一人で取り出してみることがあります。あの苦い経験が、もう一日だけ頑張ろうという気持ちになってまた学校へ向かう勇気になっています。

「あと、一日だけ、頑張ろう」

そう思い続けて、もう30年が過ぎました。

この4月に出会う、31回目の子どもたちとの出会いの日を想像してまた、一歩を続けていきたいと思っています。

最後になりましたが、東洋館出版社の畑中潤様、小林真理菜様、イラストレーターの小林亜希子様には大変お世話になりました。また、対局観戦の場を設定してくださった羽生善治様、共同通信の津江章二様、公益社団法人日本将棋連盟様に感謝申し上げます。

そして、教員生活を続けてこられたのは、家族の支えがあったからです。いつも朝早くから出勤する私のためにお弁当をつくってくれる妻、そして励ましてくれる娘に感謝の気持ちを届けたいと思います。

二〇一五年二月　安次嶺隆幸

［著者略歴］

安次嶺隆幸（あじみね たかゆき）

1962年埼玉県所沢市生まれ。

明星大学人文学部心理・教育学科教育学専修卒。1984年東京・私立暁星小学校に着任、現在に至る。公益社団法人日本将棋連盟・学校教育アドバイザー、私学教育研究会（あいすの会）主宰、若手教育格言サークル「あったか会」代表、将棋ペンクラブ会員。フューチャー・ドリーム☆子どもサポート研究所や明日の教室が主催する「教師みらいプロジェクト 学級づくりパワーアップセミナー」等、全国各地で講演。

著書に、『低学年指導の極意！ 一瞬で授業に引き込むプロの技』（学陽書房）、『将棋をやってる子供は、なぜ「伸びしろ」が大きいのか？』（講談社）、『私学の伝統 品格ある子どもを育てる格言集』『子どもが激変するメソッド』『世界一のクラスをつくる100の格言』『世界一の国語授業をつくる100の格言』『世界一の算数授業をつくる100の格言』（明治図書）、『すべては挨拶から始まる！「礼儀」でまとめる学級づくり』（東洋館出版社）等がある。

yukiaji@muc.biglobe.ne.jp

1年生のクラスをまとめる51のコツ

2015（平成27）年2月20日　初版第1刷発行
2019（平成31）年2月9日　初版第6刷発行

著　者　安次嶺隆幸
発行者　錦織圭之介
発行所　株式会社 東洋館出版社
〒113-0021　東京都文京区本駒込5-16-7
営業部　TEL 03-3823-9206／FAX 03-3823-9208
編集部　TEL 03-3823-9207／FAX 03-3823-9209
振　替　00180-7-96823
U R L　http://www.toyokan.co.jp

装　丁　國枝達也
イラスト　小林亜希子
印刷・製本　藤原印刷株式会社

ISBN978-4-491-03090-6 ／ Printed in Japan